FRÉDÉRIC MARCELIN

LE GÉNÉRAL
NORD ALEXIS

1906-1907

TOME II

PARIS

SOCIÉTÉ ANONYME DE L'IMPRIMERIE KUGELMANN
(L. Cadot, Directeur)
12, rue de la Grange-Batelière, 12

1909

LE GÉNÉRAL
NORD ALEXIS

1906-1907

FRÉDÉRIC MARCELIN

LE GÉNÉRAL NORD ALEXIS

1906-1907

TOME II

PARIS
SOCIÉTÉ ANONYME DE L'IMPRIMERIE KUGELMANN
(L. Cadot, Directeur)
12, rue de la Grange-Batelière, 12

1909

L'année 1906 (1) avait commencé sous de favorables auspices... Le change n'était plus qu'à 500 0/0... La fête du 1ᵉʳ janvier de l'Indépendance avait été célébrée dans toute la République avec un grand éclat et une ferme confiance, affirmait-on, dans l'avenir. Sur tous les points du pays la voix de ses fidèles lieutenants avait acclamé les vertus héroïques du « grand soldat » qui présidait à nos destinées. Aux Cayes, le général Antoine Simon, chef militaire du Sud, avait ainsi discouru sur l'autel de la patrie :

« Concitoyens,

« Je n'entreprendrai pas en ce moment le développement de tout ce qui pèse sur

---

(1) Voir le premier volume : *Le Général Nord Alexis —*
1905.

nous comme devoirs, je vous rappellerai seulement ces sublimes et grandioses manifestations faites sur tous les points du pays à la mémorable célébration du centenaire de notre indépendance rêvée et réalisée par le prédestiné Président Nord Alexis, à qui Dieu réservait cette gloire immortelle.

« Unissons-nous, concitoyens, pour le bonheur du pays, et groupons-nous auprès de l'illustre chef qui, en un intervalle si court, a remis sur un pied satisfaisant l'avenir de notre chère patrie.

« Quant à vous, soldats, qui avez l'insigne honneur de porter le drapeau de la nation, vos devoirs sont connus. Il ne vous est pas permis de délibérer. Le Président Nord Alexis nous représente le drapeau. Il est là; vos yeux et vos oreilles ne doivent voir et entendre que lui seul. Il lui a fallu une carrière bien longue avant d'arriver à la première magistrature de l'Etat. Son avènement a été le fruit de cette belle et noble patience qu'il a eue, de cette patience que tous les hommes doivent avoir pour guide. »

Aucun nuage ne semblait ternir l'azur radieux de notre ciel politique. On pouvait donc croire que la paix était définitivement consolidée si on s'en rapportait aux harangues officielles et aux discours prononcés un peu partout pour marquer son dévouement au Gouvernement établi. C'était malheureusement la face extérieure des choses. Mais, au fond, et le Ministre des Finances en savait quelque chose, rien n'était changé : plus que jamais il fallait surveiller, à l'intérieur et à l'extérieur, les ennemis de la patrie, multiplier, en conséquence, les rations extraordinaires aux troupes, se préparer aux éventualités futures par des approvisionnements d'armes, de munitions, créer une armée de mer sur le modèle, hélas ! de l'armée de terre... Ces choses-là coûtent beaucoup d'argent dans tous les pays, et particulièrement dans le nôtre. Si on peut discuter de leur utilité ailleurs, cette discussion n'est pas même à envisager sérieusement chez nous, car on a vu, une fois de plus, à quoi elles ont servi en novembre et décembre 1908... Armée de terre et armée de mer qui, durant six ans, engloutirent tant de millions, garde du Gouvernement, forte de deux mille hommes, entretenue avec tant de soin, précieusement enfermée derrière les murailles du palais, comme un joujou délicat à l'abri des orages, pour parader seulement sous les yeux du chef de l'Etat les dimanches et jours de fête, ne lui valurent pas grand'chose la débâcle venue : cinq cents hommes disciplinés eussent mieux fait son affaire.

Reprenons la revue des différentes mesures administratives et financières...

Le siège social de la Banque Nationale d'Haïti à Paris n'avait pas accepté sans protestation la reprise par l'Etat du service de la trésorerie. A sa lettre du 12 décembre 1905, où elle demandait la consti tution d'un tribunal arbitral, je répondis par celle-ci :

N° 155. — *Port-au-Prince, le 4 janvier 1906.*

Le Secrétaire d'Etat au département des finances et du commerce au Président du Conseil d'administration de la Banque Nationale d'Haïti, à Paris.

Monsieur le Président,

Le Conseil des secrétaires d'Etat a pris connaissance de votre lettre du 12 décembre 1905 adressée à Son Excellence le Président de la République.

Il me charge d'y répondre.

Je suis obligé, tout de suite, de vous rappeler que je n'ai énuméré les griefs du Gouvernement pour motiver le retrait du service de la trésorerie de la Banque que sur votre propre demande : cela n'implique nullement qu'il ait été fait abandon d'aucun de ces griefs.

Malaisément, on pourra soutenir que la création de la Commission mixte de réorganisation ne soit née de cette pensée commune : qu'il était nécessaire, au lendemain du procès de la Consolidation, d'apporter quelques modifications au contrat de la Banque, tant dans l'intérêt du pays que dans celui de l'établissement, et pour son avenir meilleur. Vous écrivez :

« En réalité, la Commission s'est dissoute sans avoir produit d'autre acte définitif que la transaction du 24 avril. Tout le reste ne fut que notes, projets, échanges de vues. Il y eut de longues discussions, mais en fin de compte les délégués du Gouvernement et ceux de la Banque ne réussirent pas à se mettre suffisamment d'accord sur aucune des questions soulevées, etc... »

On pourrait peut-être remarquer que, à votre sens, et par la tournure que vous avez voulu donner aux choses, la Commission semblait n'avoir d'autre mission que de régler les responsabilités civiles de la Banque. Car, en fait, à peine aviez-vous signé la transaction, que vous n'avez plus voulu entendre parler de quoi que ce soit, ni admettre la moindre discussion sur quoi que ce soit. C'est l'impression très nette qui ressort de votre attitude avant la signature et de celle que vous avez eue après la signature.

Cependant la vérité nous oblige à protester de la façon la plus formelle contre cette assertion de votre lettre :

« Il n'est donc pas juste de soutenir, comme le fait M. Marcelin, « que la Banque peut être

« accusée d'être revenue sur tout ce qu'elle
« avait accepté et de n'avoir tenu aucun de ses
« engagements ».

Cette phrase, présentée ainsi et immédiatement après celle relative à la Commission mixte de réorganisation, paraît s'appliquer et a voulu intentionnellement s'appliquer aux travaux de ladite Commission.

Cela est le contraire de la vérité.

Car les reproches que je fais à la Banque dans ma réponse du 7 novembre dernier s'appuient sur une lettre et une note de M. van Wijck, adressées au secrétaire d'Etat des finances à la date du 19 avril 1905.

Comme vous semblez ignorer et la lettre et la note, ou que vous ne vous en souvenez plus, je vous les transcris ici, en leur entier, pour votre complète édification :

BANQUE NATIONALE D'HAÏTI

Port-au-Prince, le 19 avril 1905.

« Le désir du siège social, en vous demandant de faire signer la Convention, est de hâter la solution des questions pendantes entre nous. Il pense qu'elles pourront toutes être résolues dans un sens équitable et favorable à nos mutuelles relations.

« Je vous répète qu'il ne croit pas pouvoir dépasser le chiffre de 600,000 P. or, pour le prêt statutaire, en y comprenant la conversion du premier prêt en gourdes à un taux raisonnable.

« En ce qui touche le découvert de 125,000 P. or au compte recettes et paiements, sans vouloir m'engager, nous l'étudierons ensemble dans un esprit de conciliation et d'entente, comme, du reste, je vous promets de le faire pour toutes les questions comprenant aussi bien les intérêts de la Banque que ceux de l'Etat.

« Veuillez croire à mes sentiments bien cordiaux.

« (Signé) : CH. VAN WIJCK. »

BANQUE NATIONALE D'HAÏTI

Port-au-Prince, le 19 avril 1905.

NOTE

« Veuillez ne pas perdre de vue que l'augmentation du prêt statutaire ne peut être accordée que par une Assemblée générale extraordinaire des actionnaires.

« Vous n'êtes pas sans ignorer que la plus grande difficulté que présente la réunion de ces Assemblées se trouve dans la nécessité de faire déposer leurs titres par les intéressés.

« Or, nous avons l'Assemblée générale extraordinaire dans la deuxième quinzaine de mai.

« Ne seriez-vous pas d'avis de hâter la solution de nos combinaisons pour que le Conseil d'administration puisse en parler à la prochaine Assemblée et préparer l'Assemblée extraordinaire ?

« Dans ces conditions, il pourrait se faire que les titres déjà déposés ne soient pas retirés, ce qui nous faciliterait d'autant la réunion du quantum nécessaire. »

Oui ou non, loyalement, cette lettre et cette note constituent-elles pour la Banque un engagement sur lequel nous avons quelque droit de compter ?

Le Conseil des secrétaires d'Etat vous pose, Monsieur le Président, cette question. Il vous prie instamment d'y répondre et vous rappelle à cette occasion que lettre et note ont été adressées par M. Ch. van Wijck pour déterminer la signature de la Convention sur les responsabilités civiles de la Banque.

Or il a pu peut-être ne pas exister d'entente dans la Commission : certainement, il en a existé une entre M. Ch. van Wijck, directeur de la Banque Nationale, et le secrétaire d'Etat des finances, M. F. Marcelin.

Nierez-vous la valeur de ces documents ? Nierez-vous qu'ils n'établissent, entre le Gouvernement et la Banque, un contrat, un accord qu'il est impossible de leur dénier, d'autant plus que vous affirmez énergiquement que M. van Wijck, qui les a signés, a toute votre confiance ?

Le Conseil, Monsieur le Président, encore une fois, vous prie de répondre à cette question.

De votre réponse dépendra la prompte solution qu'il convient de donner à toute cette affaire.

Cependant, en ce qui concerne le tribunal arbitral, lequel, dites-vous, *suivant la tradition*, devra être constitué à Paris, il nous faut maintenir, dès à présent, énergiquement et sans hésitation, qu'il devra être, au cas échéant, constitué à Port-au-Prince : à Port-au-Prince, siège du Gouvernement et où se trouve votre véritable et principal établissement.

En résumé, le Gouvernement, dans l'intérêt national, maintient toutes ses revendications contre la Banque.

Il proteste qu'il n'a été forcé de prendre les mesures dont vous vous plaignez que parce que vous avez voulu éluder vos promesses et vos engagements.

.Il est tout prêt, néanmoins, si vous le voulez, à rechercher conjointement avec vous à Port-au-Prince, et selon vos propres expressions, *les moyens de trancher à l'amiable les questions qui nous divisent.*

C'est là son plus sincère désir.

Veuillez, Monsieur le Président, agréer les assurances de ma haute considération.

F. MARCELIN.

Pour maintenir l'ordre et la régularité dans le nouveau service des recettes et des dépenses nouvellement installé, pour empêcher qu'il ne rappelât nos anciennes trésoreries dont justement les désordres avaient motivé la remise de ce service à la Banque, j'étais obligé de livrer une lutte perpétuelle aux commandants militaires, toujours prêts à s'immiscer dans les finances de l'Etat et au Président de la République lui-même, enclin à penser que sa volonté était au-dessus des règlements de la comptabilité publique. Il me fallait, par un langage ferme, catégorique, soutenir mes percepteurs en province, leur inspirer confiance, raffermir surtout leur courage défaillant quand il s'agissait du chef de l'Etat ou d'un de ses lieutenants. Je ne manquai pas à cette tâche, pas plus que je ne négligeai jamais de blâmer ceux qui capitulaient... Voici à ce propos, à travers une nombreuse correspondance, deux lettres qui l'attesteront :

Port-au-Prince, le 10 janvier 1906.

Le Secrétaire d'Etat au département des finances et du commerce au Directeur général de la recette et de la dépense, en son hôtel.

Monsieur le Directeur,

J'ai reçu votre lettre du 9 janvier courant, au n° 59, par laquelle vous m'annoncez que l'administrateur des finances de Saint-Marc a envoyé au chargé du service de la recette et de la dépense de cette ville un reçu de 45 dollars destiné à l'achat d'un canot.

Je note qu'après le refus du percepteur de remettre la valeur demandée sans un ordre formel de la direction générale de la recette et de la dépense, vous avez reçu un télégramme daté du 5 janvier courant, conçu en ces termes:

« Vais verser à administrateur finances $ 45 or après télégramme Président d'Haïti. »

Vous vous empresserez d'écrire au chargé du service de la recette et de la dépense de Saint-Marc qu'il est formellement et personnellement responsable de toute sortie de fonds qui se ferait en dehors des lois et règlements.

Il n'a donc aucunement à s'adresser à vous, ni vous ne devez pas non plus vous adresser à moi en pareille circonstance, car ni vous, ni moi ne pouvons le mettre au-dessus des lois et règlements.

Recevez, Monsieur le Directeur, l'assurance de ma considération distinguée.

F. MARCELIN.

P.-S. — Je vous retourne la lettre communiquée du directeur de la recette et de la dépense de Saint-Marc.   F. M.

Port-au-Prince, le 10 janvier 1906.

A Son Excellence le Président de la République, Palais National.

Monsieur le Président,

Le directeur général de la recette et de la dépense, par sa lettre du 9 janvier courant, au n° 59, m'avise ce qui suit :

« J'ai l'honneur de vous remettre, sous ce couvert, une lettre du chargé du service de la recette et de la dépense à Saint-Marc, dans laquelle il m'annonce que l'administrateur des finances lui a envoyé un reçu pour le paiement de 45 dollars destinés à l'achat d'un canot. Ce fonctionnaire a refusé de remettre la valeur, disant qu'il n'avait pas d'ordre du bureau central à cet effet. Le lendemain (5 janvier), j'ai reçu la dépêche suivante :

« Vais verser à administrateur finances $ 45 « or après télégramme Président d'Haïti. » J'ai écrit au chargé du service que j'allais vous envoyer sa lettre en communication. »

Je me suis empressé de donner l'ordre immédiat au directeur général de la recette et de la dépense de rappeler formellement le chargé de la recette et de la dépense à Saint-Marc qu'il est personnellement responsable de l'observance de nos lois et règlements sur la matière.

Je suis absolument certain d'être — en agissant ainsi — l'interprète fidèle de vos sentiments.

Je prie Votre Excellence d'agréer l'hommage de mon profond respect et de mon entier dévouement.

F. MARCELIN.

Je veux dire une fois pour toutes, et pour n'avoir plus à revenir là-dessus, le sentiment qui me guide en donnant publicité à certaines lettres de ma correspondance avec le Président de la République. Ce n'est certes pas pour l'amoindrir que je le fais. Ce n'est pas pour établir qu'il était un chef autoritaire et qu'il n'admettait pas d'objection à ses volontés. Personne ne peut croire sérieusement que nos chefs militaires soient autre chose que ce qu'ils sont réellement : des chefs absolus. Ce serait donc un mensonge enfantin que d'essayer de faire croire le contraire : ce mensonge ne serait même pas pour leur plaire, car ils tiennent à ce qu'on sache bien que, dans l'État, il n'y a qu'une volonté, et c'est la leur. Mais, à côté de cette réalité évidente, il y a la conscience, il y a le devoir qui obligera toujours de lutter contre une situation de fait fatale au développement du pays et à la liberté d'action des ministres...

Pour moi, et c'est là que je veux en venir,

j'ai toujours lutté dans les deux gouvernements que j'ai servis pour essayer de rééduquer le tempérament de nos chefs militaires, leur faire admettre qu'il y a des lois, des règlements auxquels ils doivent obéissance. Si je n'ai jamais manqué à cette obligation envers moi-même, c'est que je crois que l'on se doit cet effort, ne serait-ce que pour marquer notre désir d'un état social meilleur... C'est ce mobile que j'essaie de faire ressortir, non dans le vain intérêt d'une justification personnelle, mais comme une sorte de protestation morale contre les gouvernements militaires.

Il serait trop long d'énumérer ici toutes les mesures édictées, toutes les circulaires adressées aux administrateurs des finances, aux directeurs des douanes pour empêcher les fraudes dans ces établissements. Un volume n'y suffirait pas. C'est une tradition ancrée dans les mœurs nationales que les douanes sont la meilleure source de fortune tant pour le commerçant que pour le fonctionnaire. Et il est resté légendaire ce mot du révolutionnaire qui ne combat ni pour la restauration des libertés publiques, ni pour la défense de la Constitution violée, mais simplement pour *une bonne place en douane !* Au moins, celui-là était franc, précis, et il ne fardait pas sa pensée. Les autres, plus raffinés, l'habillent de mots sonores qui n'ont pas perdu de leur puissance, semble-t-il, et font encore de l'effet... Cependant, il reste un fait indéniable : c'est que les douanes exercent une grande fascination sur l'imagination populaire. On comprend donc combien il est difficile à toute époque d'y ramener la moralité, indépendamment de certaines causes qui, sous le général Nord Alexis, rendaient cette tâche particulièrement difficile.

Je me souviens d'une anecdote qui m'a été racontée il y a quelque temps et qui peut servir de commentaire plaisant ou triste, comme on voudra, à ce que je dis ici... Au commencement d'Hyppolite, Edmond

Paul, très bien en cour et fortement coincé par quelqu'un qui affirmait avoir souffert pour sa cause, se laissa aller à le recommander pour une place en douane. Le protégé l'obtint, mais ne sut pas la garder. Un mois après sa déconfiture, il revint trouver Edmond Paul pour le prier de le recommander à nouveau, jurant qu'il avait été calomnié, étant aussi pur que l'agneau qui vient de naître. Edmond Paul le regarda de cet œil malin, plein du doux scepticisme dans lequel son impeccabilité d'apôtre semblait se réfugier à la fin de sa vie. Enfin, il laissa tomber ce trait d'ironie neutre : *Mon cher, c'est trop frais !* Ah ! ce mot... Il a toute sa saveur, surtout en créole, comme il fut dit, et toute sa valeur quand on se souvient de ce qu'était Edmond Paul... Que de fois, en effet, n'a-t-on pas vu ceux qui en furent chassés honteusement pour leurs malversations retourner dans nos douanes quelque temps après ! Ce n'est plus frais, comme disait Edmond Paul, et ils peuvent revenir.

C'est ce motif qui me détermina, dans un projet de réforme des douanes que je présentai plus tard aux Chambres — projet qui fut rejeté unanimement et qu'on retrouvera à son heure dans cet ouvrage — d'y mettre en tête l'interdiction pour le chef de l'Etat de nommer à ces charges en dehors de certaines conditions déterminées.

Les fraudes dans nos douanes trouvent un puissant aliment dans nos consuls à l'étranger ; je fus obligé de leur faire la circulaire suivante :

Port-au-Prince, le 13 janvier 1906.

Aux Consuls de la République d'Haïti.

Monsieur le Consul,

L'article 30 de la loi du 4 septembre 1905 sur les douanes s'exprime comme suit :

« Art. 30. — Ils (les consuls) refuseront
« de viser les manifestes, connaissements

« et factures qui ne seront point dans les
« conditions exigées par la loi. »

Malgré le vœu formel exprimé par cet article, il est constaté que vous avez visé des pièces contrairement aux dispositions des articles 38 et 39 du Titre IV de ladite loi, comme d'ailleurs j'en ai la preuve par les documents que j'ai en ma possession.

Je suis résolu à faire cesser toutes les fraudes commises dans les douanes par le moyen des pièces irrégulières, visées par les consuls. J'ai donc signalé à Son Excellence le Président de la République tous mes auxiliaires qui, par leur indifférence, sont cause que les intérêts de la République peuvent être lésés et lui ai demandé de faire contre eux l'application de la pénalité édictée en pareil cas.

Agréez, Monsieur le Consul, les assurances de ma considération distinguée.

F. Marcelin.

Dans le *Moniteur* du 17 janvier, je dénonçai celui de Liverpool :

Port-au-Prince, le 15 janvier 1906.

A Monsieur le Consul d'Haïti à Liverpool.

Monsieur le Consul,

Je vous confirme dans toute sa eneur ma dépêche du 13 de ce mois au n° 145. Je vous fais la présente dans le but exprès de vous donner avis que, pour avoir visé les factures à dénominations vagues, sans quantité déterminée des marchandises, sans leur largeur et sans leur aunage, vous avez fourni à la douane du port de Jacmel des éléments pour commettre des fraudes. En effet, deux négociants de cette place — ayant reçu divers colis de tissus de coton assujettis à des taxes diverses, déclarés « Cottons » (sans autre désignation) dans la facture soumise à votre visa — ont ajouté (en français) les quantités, largeur et aunage des articles qu'ils ont reçus lorsqu'ils ont cru remarquer que la tentative de frauder ne pouvait s'accomplir.

Si les intérêts du Trésor ont été lésés ou mis en péril, c'est assurément par votre faute et par votre indifférence, par votre peu de souci à appliquer la loi et à faire votre devoir. Décidé à rétablir l'ordre dans les finances du pays et dans les bureaux des douanes de la République, je n'hésite pas à signaler au chef de l'Etat tous ceux de mes auxiliaires qui se mettent dans votre cas.

Je saisis cette occasion pour retourner quelques-unes des factures que vous m'avez envoyées sans les viser, quand la loi du 4 septembre 1905, dans son article 37, dispose que « la facture doit être faite en qua-« druple original et visée par le consul « d'Haïti au port d'expédition ».

Je vous rappelle une nouvelle fois les articles des Titres II et IV de la susdite loi et vous invite à vous y conformer strictement.

Agréez, Monsieur le Consul, mes salutations distinguées.

F. Marcelin.

Je devais m'évertuer, durant toute cette année 1906, à ramener un peu d'ordre dans l'administration des douanes, besogne difficile par rapport à des causes multiples qui seront mises au jour au fur et à mesure, mais besogne indispensable sous peine de voir le service public arrêté.

Du reste, et dans toute son implacable rigidité, ce problème devait quotidiennement, durant mes trois ans et sept mois de ministère, se dresser devant moi : étant donnés à chaque session législative des budgets de plus en plus forts, de plus en plus disproportionnés avec les recettes réelles, sans compter les dépenses extraordinaires et imprévues survenant en cours même d'exercice, comment arriver à les couvrir ?

Certes, le rôle de ministre des finances est partout difficile, mais chez nous il l'est peut-être plus spécialement. Par exemple, il paraît très simple, pour équilibrer le budget, d'y pratiquer des coupures réelles, solides, avant de le présenter aux Chambres, en un mot de l'établir sérieusement. L'Etat encaisse tant, il ne pourra dépenser que tant. Rien n'est plus logique. C'est ce qui doit être en bonne règle. Que la pratique est loin de la réalité ! Quand le ministre des finances reçoit les budgets de dépenses des autres départements, il demeure tout d'abord atterré devant des chiffres dont l'addition, en face des recettes, donne un écart effrayant. Où peut-il faire les coupures nécessaires, obligatoires ? Evidemment à la guerre, à la marine, à l'intérieur, qui sont les gros mangeurs. Mais le chef de l'Etat intervient. Il déclare que ces départements sont intangibles. Ne sait-on donc pas que les ennemis s'agitent, se préparent à un débarquement ? Ne touchez pas à l'arche sainte, à la ceinture de sûreté de la paix publique. Le ministre se retourne. Il se rejette alors forcément sur les autres départements. Il rogne de-ci de-là. Ses collègues grognent, protestent, se fâchent. Il rogne encore. Mais que peut-il rogner sur ces départements-là ? Pas grand'chose. En tout cas, cela n'arrive pas à combler l'écart. Il est donc forcé de chercher ailleurs, dans le mensonge des chiffres gonflés, un ajustage qu'il sait bien être le contraire de la vérité. Les députés le savent aussi. Quand donc ce budget leur est présenté, ils n'en font pas grand cas. Ils commencent tout d'abord par rétablir dans les comités les chiffres supprimés aux autres départements, car ils ont accueilli avec empressement les plaintes des ministres qui ont été rognés et qui ont porté en appel leur cause devant eux. L'équilibre factice du budget ainsi rompu, la barrière ouverte, personne n'a plus de scrupule. Chacun peut y faire inscrire désormais ce qui lui plaît. Alors, c'est la sarabande des crédits demandés, votés sans souci, sans remords, à la galopade.

Cependant, le ministre des finances n'a pu accepter d'un œil placide la ruine de son œuvre, si informe soit-elle. Il se lamente à la tribune. Tout le monde, même ses collègues, fonce alors sur lui. « C'est parce que, lui crie-t-on, vous laissez piller les douanes que les ressources de l'Etat sont insuffisantes. Si vous faisiez votre devoir, si vous empêchiez le vol des deniers publics, l'Etat serait riche. Nous pourrions satisfaire tous nos besoins. Et vous n'auriez pas, en intervenant aussi intempestivement, à faire échec à la souveraineté nationale dont les députés du peuple sont les mandants. Car c'est lui faire échec que de prétendre que leur droit d'inscrire des dépenses à la charge de l'Etat peut être limité ! »

Notez que parfois ceux qui accusent ont passé par les douanes, où ils ont laissé plutôt des souvenirs *frais ;* que tous ils savent le mécanisme traditionnel de ces établissements ; que surtout quand ils ont un candidat parent, ami, protégé, à y caser, ils ne s'adressent jamais au ministre des finances, mais directement au chef de l'Etat ou à un de ses familiers qui le fera nommer, pas pour ses qualités de moralité et de probité, mais, fût-il un chenapan, parce qu'il est surtout dévoué au Gouvernement, fidèle à l'ordre de choses actuel. Encore c'est là un motif avouable, car il peut y en avoir d'autres...

Certes, personne ne peut contester que l'on vole dans les douanes. On volera moins quand on cessera d'y donner les places uniquement à la faveur. Mais l'immoralité dans les douanes est-elle la cause de notre misère sociale, ou notre misère sociale est-elle l'effet de l'immoralité des douanes ?

Cette question est trop simple pour n'être pas résolue sans grand effort : c'est parce que nous sommes devenus précisément très pauvres que douaniers et commerçants se sont mis d'accord avec un si bel ensemble pour frauder l'Etat. Je crois que, dans cet accord, c'est le commerçant qui a dû avoir l'initiative, car en présence de la misère générale, éprouvant la plus grande peine à écouler ses marchandises, il a cherché naturellement à diminuer ses prix. Et comment les diminuer? En payant le moins de droits possible. De là son initiative près du douanier, dont il est le perpétuel tentateur.

On affirme que l'on volait moins dans les douanes par le passé, sous Hyppolite par exemple. Cela ne confirmerait que ce que l'on dit ici : que c'est surtout dans les époques de misère que l'ingéniosité des uns et des autres se développe. C'est le loup qui sort du bois pressé par la faim. Sous Hyppolite peut-être en sortait-il moins, nos récoltes de café dépassant 100,000,000 de livres, et le café se vendant à 110 francs. Sous Nord Alexis, on a eu des récoltes de 39,000,000 de livres, et le café n'obtenait plus sur les marchés étrangers que 38 à 40 francs. Le loup devint enragé. Cependant, est-il bien sûr que l'on volait moins sous les autres gouvernements que sous Nord Alexis ?

Et n'y a-t-il pas là simplement un effet d'optique ou plutôt de situation ? Le commerce étant médiocre, l'importation presque anéantie, l'exportation très restreinte, il y eut, tant du côté de l'Etat, sous ce dernier régime, que du côté des fraudeurs — l'un pour faire rentrer les droits dont il avait grand besoin, l'autre pour essayer de s'y soustraire — forcément de l'émulation. Les navires arrivant presque vides, partant de même, les halles des douanes restant vides aussi, les moindres détails de cette situation n'échappaient plus au public, du reste fortement intéressé à cette partie-là, soit parce que les uns aspiraient à remplacer de leur mieux les fonctionnaires révoqués, soit parce que les autres y trouvaient un légitime motif de dénigrer le ministre des finances qui laissait, proclamaient-ils, les douanes au pillage. Dans cette dernière catégorie criaient le plus fort ceux qui bénéficiaient le plus du désordre ou y avaient activement contribué.

Il y avait aussi une école qui, entre les deux extrêmes — la répression à outrance ou le brigandage avéré — professait qu'il fallait user d'une certaine tolérance, car, disait-elle, on tuera le commerce dans la détresse où il se débat, si on exige rigoureusement l'intégralité des droits de douane. Personne n'importera plus, personne n'exportera plus, ou on n'importera qu'en très petite quantité, juste pour les besoins, et la marchandise sera très chère. Et c'est le consommateur qui en pâtira et qui n'achètera plus. Ou on n'exportera les denrées qu'après les avoir payées un prix très bas, de façon à ne pas perdre, puisqu'il faut acquitter les droits. Et c'est le cultivateur qui en souffrira, qui ne voudra même plus livrer son produit à ces prix vils. Alors toute la machine s'arrêtera, car si le producteur cesse de livrer son produit, plus d'exportation, et s'il n'y a plus d'exportation, adieu l'importation. Donc, plus de droits de douane à percevoir. La poule aux œufs d'or est morte !

Cette école prétendait s'appuyer sur des doctrines scientifiques et économiques infaillibles. Ses théories, incessamment développées, eurent d'abord pour résultat de paralyser l'action de la justice dans la poursuite, en vertu des lois, du recouvrement des différences de douane, puis ensuite d'annuler complètement dans mes bureaux l'action du contrôle des douanes qui, « d'ordre supérieur », cessant de travailler, opposa la force d'inertie à toutes mes objurgations.

M. Descos, ministre de France en Haïti, à la suite de longs voyages qu'il avait faits dans le pays, me disait un jour :

— Savez-vous ma conclusion sur votre pays ?... C'est que je n'en connais pas un seul — et j'ai beaucoup voyagé — où les habitants soient si pauvres. Je dis les habitants, remarquez-le, je ne dis pas le pays, car il est riche, fertile ; il renferme tous les biens de la terre. Mais je ne crois pas que dans toute l'île il y ait un seul Haïtien qui possède 100,000 francs, 100,000 francs liquides, sonnants, réalisables. Je ne m'occupe pas de vos biens terriens évalués à votre fantaisie, et, du reste, toujours invendables, irréalisables. Je dis 100,000 francs espèces. Eh bien ! pas un seul... C'est inconcevable. En France, nos cuisinières, très souvent, possèdent 100,000 francs.

Il y a peut-être un peu de paradoxe dans cette opinion. Au fond, qui oserait soutenir qu'il ne s'y trouve une part très grande de vérité ?

Sous Hyppolite, il existait une circulation de 4,452,000 gourdes en monnaie d'argent. On se plaignait même amèrement qu'il y en eût trop. Où est-elle ? Dès Sam, elle avait presque complètement disparu, et Nord Alexis, de ces millions-là, trouva à peine 300,000 gourdes, en petite monnaie, dont il essaya vainement de défendre l'exportation par des lois draconiennes. Rien n'y fit, toutes les pièces d'argent furent exportées, comme si c'était du meilleur café de soute... C'est là le signe le plus irréfragable de la misère d'un peuple Quand il est réduit à cela, c'est que le commerce est aux abois. C'est la situation du particulier qui vend le coton du vieux matelas de la famille pour envoyer au marché.

La monnaie de cuivre, de bronze, dont il y avait environ pour 225,000 gourdes, ne fut pas plus épargnée. On l'exporta aussi. Et il en sera ainsi tout le temps que la prospérité matérielle du pays ne se relèvera pas, et de façon à pouvoir, par l'aisance, garantir l'avenir avec quelque certitude. Aussi longtemps qu'il n'en sera pas ainsi, à la moindre crise, et chaque fois qu'il y aura une monnaie ayant par elle-même une valeur intrinsèque, elle sera exportée.

Qu'est-ce donc qui a déterminé cet état morbide chez le peuple haïtien ? Qu'est-ce qui l'a amené à ce degré d'appauvrissement, de paupérisme social qui fait qu'en dehors d'une charge publique le citoyen haïtien ne sait à quoi employer ses dix doigts ?

Je voudrais ne pas répéter ce que l'on répète depuis cent ans : à savoir que c'est la guerre civile, que ce sont les révolutions qui sont cause de tout le mal. Cependant je prierai simplement de prendre quelques budgets de la Dette publique et d'additionner ce que nous avons payé aux étrangers pour incendies, pillages, faits de guerre civile... Prenez un des derniers, par exemple. Vous y trouverez que la seule affaire de Petit-Goâve a coûté plus de 200,000 dollars versés aux étrangers. C'est ce que vous trouverez à la Dette publique. Mais songez-vous aux millions perdus par les Haïtiens ? Qui a additionné le total de leurs maisons incendiées, de leurs magasins pillés, de leurs industries anéanties ? Qui a fait le décompte de toutes leurs misères, de toutes leurs souffrances ? Qui songe à ceux qui sont tombés dans la lutte, soit d'un côté, soit de l'autre, et qui pourraient être dans la carrière modeste du labeur manuel des éléments de richesse nationale ? Qui songe à ceux qui furent fusillés les armes à la main ou dans leur fuite éperdue à travers les bois? Qui songe à Chicoye, dont Boisrond-Canal, chef militaire renommé pour son humanité, disait à un grand planteur de Leogâne sollicitant sa grâce : — Carrié a pris Petit-Goâve ; Chicoye est sa chose !

Qui songe à Chicoye ?... Personne, pas même celui pour qui il mourut. Ce fut un grand coupable, certes. Mais il n'en est pas moins vrai que le jour de sa mort il allongea encore la liste de ceux qui, mieux inspirés, auraient pu rendre des services à leur pays, car il fut, sous Hyppolite, un administrateur honnête, intègre et probe. Parlant des douanes, son souvenir m'étant revenu, je lui rends hommage ici....

Rappelez-vous plus tard les ruines, les pertes occasionnées à la fortune publique par les événements des Gonaïves et de Saint-Marc. Là, heureusement, vous ne trouverez pas trace, dans notre Dette publique, d'indemnités payées aux étrangers grâce à la fermeté du gouvernement de Nord Alexis qui repoussa avec énergie toute réclamation. Mais la pauvre épargne haïtienne, combien continua-t-elle à être maltraitée, déchiquetée, broyée, mitraillée, tant par les déprédations des révolutionnaires que par les obus de nos navires de guerre ?

Et plus tard, quand vous entendez ces mêmes révolutionnaires, vainqueurs du jour, déclamer contre la situation financière créée, disent-ils, par leurs adversaires, déclamer contre la misère publique dont ils les rendent responsables, ne peut-on pas leur répondre : « Cette situation est vôtre. C'est vous qui, en appelant aux armes, avez incendié les villes, avez obligé de donner des indemnités aux étrangers, avez détruit l'épargne haïtienne, avez augmenté la misère publique ! Si on a fait des émissions de papier-monnaie, si on a fait des frappes de nickel, la faute en est à vous, à vous seuls, car vous attaquiez un gouvernement établi, et il avait pour devoir, à moins d'être d'une abjecte lâcheté, de vous combattre à outrance ! Tout ce qu'il a pu faire de mal, c'est vous la cause première. Vous en êtes responsables. A ces ruines-là, vous en avez ajouté d'autres encore... Vous avez fait sacrifier des vies utiles à leur pays, à leurs familles. Si elles pleurent, c'est vous qui les faites pleurer, et tout cela en pure perte, en pur néant, en pure bêtise, car vous n'avez pas su même prendre le pouvoir qu'un autre a pris sur vous ! »

Telle est donc la cause réelle de l'épuisement du pays : le mal révolutionnaire qui amène à sa suite tous les débordements et justifie tous les désordres. Nous savons bien le mal, mais nous sommes impuissants à le réprimer. Cependant il ne gît que dans l'armée. Si le système militaire ne dominait pas en Haïti, les candidats à la présidence eussent été moins enclins à flatter nos généraux, lesquels les bernent aussitôt qu'ils en trouvent l'occasion. Ils n'auraient pas surtout la tentation de pousser aux aventures militaires dans l'espoir de cueillir la poire une fois mûre. Mais ici se **dresse** pour eux — et c'est le juste châtiment — l'écueil de l'ambition individuelle ou celle plus prompte encore de l'entourage : le général mis en avant devient vite un invincible concurrent... Et — je ne sais quelle valeur il faut attacher à cette assertion — c'est alors Jean Jumeau qui, dit-on, aux Gonaïves, en cas de succès, n'aurait travaillé que pour lui-même. La chose est vraisemblable et serait tout à fait dans l'usage.

Pour en revenir à notre malaise social dans lequel la pauvreté trône en souveraine, il y a une remarque qui trouvera ici sa place comme elle la trouve dans toutes les occasions semblables : c'est qu'en même temps que notre misère croissait nos besoins croissaient aussi. C'est le temps, dans son évolution inconsciente, qui a amené cela. Ce sont surtout nos voyages répétés à l'étranger qui ont développé ce goût du confort auquel nous ne pouvons résister. Il n'est pas moins vrai que nos pères travaillaient davantage, que leur travail était plus productif et qu'ils vivaient plus simplement que nous. Tout le monde n'avait pas en ce temps-là sa voiture, son cocher, sa maison de campagne. C'était un événement quand quelqu'un partait pour l'étranger. Il faisait son testament par devant notaire et on allait l'accompagner au bateau en grande cérémonie comme s'il ne devait plus revenir. Le travail manuel surtout était honoré au premier plan. Chacun devait avoir en main un outil véritable, et il n'était pas permis à tout le monde d'être avocat, médecin, journaliste ou même homme d'État. Il y avait des règlements de police pour réglementer ces professions peu honorées de nos pères. Je crois même que leurs révolutions et leurs conspirations, si elles étaient toujours meurtrières, étaient plus économiques que les nôtres, attendu qu'ils n'y mêlaient pas les étrangers... Je ne regrette pas ce bon vieux temps. Je constate simplement que nos besoins se sont accrus avec la diminution progressive de nos ressources. Comment, dans ces conditions, avoir des budgets équilibrés quand il faut réserver des affectations douanières, nettement déterminées, aux chemins de fer, aux wharfs, aux ports, à l'éclairage électrique, à toutes les manifestations du progrès moderne, que la République entière réclame ?

La solution du problème fera un grand pas avec la cessation de la prépondérance militaire en Haïti.

En attendant, pour clore ce chapitre et pensant qu'il pourra être de quelque utilité, je transcris cet aperçu très incomplet, j'en conviens, des sommes que nous avons payées aux étrangers de 1879 à 1902.

Je le dédie aux révolutionnaires de mon pays :

	Gourdes	Or
Evénements de 1879, Gonaïves	357.655 »	»
A reporter....	357.655 »	»

	Gourdes	Or
Report........	357.655 »	»
Intérêts sur le capital, y compris supplément réclamation anglaise......	23.437 »	»
2° Paiement d'intérêts sur 2/3 du capital	4.587 »	»
Intérêts de deux mois de retard sur paiement du deuxième terme	1.127 95	»
Evénements des 22 et 23 septembre 1883 (Port-au-Prince), y compris intérêts sur versements, etc.	»	772.979 34
Affaire Maunder, payable les 31 octobre 1887, 31 mars et 31 juillet 1888, plus intérêts de retard, £ 32,000......	»	143.600 »
Affaire du capitaine Styles (service hydrographique)	65.000 »	»
Affaire F. Sylvie-Débrosse	»	269.957 19
Evénements de 1889.	»	»
Commission mixte franco-haïtienne, 1re catégorie	105.950 11 1/2	3.592 36
Commission mixte franco-haïtienne, 2e catégorie	24.404 »	29.001 »
A reporter....	582.161 06 1/2	1.219.129 89 3¼

	Gourdes	Or
Report........	582.161 06 1/2	1.219.129 89
Commission mixte franco-haïtienne, 3ᵉ catégorie	3.063 80	5.043 »
Commission mixte anglo-haïtienne, 1ʳᵉ catégorie	5.212 »	6.225 55
Commission mixte anglo-haïtienne, 2ᵉ catégorie	9.779 »	6.330 »
Affaire Alexandre, 100,000 francs.....	»	18.750 »
Affaire Massini.....	»	10.000 »
— Metzger......	»	25.000 »
— Luders.......	»	20.000 »
— Mews.......	»	6.000 »
— Léon Gabriel.	»	5.000 »
— Toméi.......	»	13.249 80
— Campbell....	»	10.000 »
Affaire du navire *Cremon*	»	20.000 »
Affaire de la goélette *William-Jones*	»	10.000 »
Affaire Cram........	»	15.000 »
Affaire du navire *Haytian-Republic*..	»	117.585 »
Affaire Aboilard.....	»	45.281 25
Affaire de la goélette *Esperanza*	»	18.000 »
Evénements de 1902.	»	228.355 »
Affaire Louis Clouchet	10.000 »	»
A reporter....	610.215 86 1/2	1.798.949 49

	Gourdes	Or
Report........	610.215 86 1/2	1.798.949 49
Affaire Bloncourt....	»	21.275 »
Affaire Pelletier-Nazaire	»	20.597 »
Affaire Richard-Allen	»	30.000 »
— Saint-Géraud.	»	8.000 »
— Lemoy.......	»	5.500 »
Affaire du navire Man-Hed	»	6.048 »
Réclamations italiennes au moment de la rentrée des troupes du général Thézan à Port-au-Prince	2.000 »	3.000 »
Affaire Ring junior..	»	2.500 »
— Joseph Allen.	»	1.590 »
— Roberts Nephews......	»	5.089 »
— Louis Leroy..	»	6.300 »
— Ernest Rigaud, 100,000 fr...	»	18.750 »
— Haman......	»	500 »
— Armande Babiot........	»	800 »
— de Rogatis...	1.200 »	»
Affaire marquis de Chambrun (Gibson)	»	2.118 02
Affaire Bazin........	»	1.800 »
— Guesnon.....	»	3.500 »
— Frasier......	»	5.271 19
— Hodelin......	1.000 »	»
A reporter....	614.415 86 1/2	1.941.587 70

	Gourdes	Or
Report........	614.415 86 1/2	1.941.587 70
Affaire Fabolion.....	2.880 »	»
— Villain.......	»	2.600 »
— de Bucq.....	1.100 »	»
Affaire goélette *Amora* (1889)..........	»	450 »
Affaire Charles Navare	»	500 »
Affaire Julia N. Nebrun Waring......	»	848 »
Affaire Nancy Armand	»	1.272 »
Affaire Beeker C°...	»	2.066 »
— Croswell.....	650 »	»
— Clément......	»	187 50
— Darsières....	2.150 »	»
— Chrétien.....	550 »	»
— Triviaux.....	640 »	»
Affaire veuve Emile Sébastien	639 60	»
Affaire Haguenot....	»	1.500 »
Affaire Mme Jules Barthe	»	5.000 »
Affaire Peters.......	»	3.000 »
— Borel........	600 »	937 50
	623.625 46 1/2	1.959.948 70

Les chiffres « gourdes » peuvent aisément être confondus avec ceux « or » et additionnés ensemble, car, à l'époque de ces paiements, l'or était au pair ou à peu près avec la gourde haïtienne. Cela donne un total de plus de 2,500,000 dollars, auxquels il faut ajouter, depuis 1879, l'estimation des pertes haïtiennes qu'il n'est pas téméraire de fixer au moins à 15,000,000, soit 17,500,000 dollars gaspillés en futi'ités révolutionnaires et homicides.

II

Je ne puis pas mettre sous les yeux du lecteur la volumineuse correspondance que j'ai entretenue sur toutes les branches de l'administration en général, tant avec le Président de la République qu'avec les fonctionnaires sous mes ordres, durant le temps que je suis resté au ministère. Ce serait trop long et certainement pas assez intéressant. Je ne puis reproduire ici que les pièces que je crois avoir, plus que les autres, un caractère spécial... Pendant ces trois ans et sept mois, j'ai la conviction de n'avoir jamais ménagé mes veilles au service de mon pays... Si vous ne trouvez pas ce souvenir prétentieux et ridicule, j'ajouterai que levé chaque matin dès trois heures et demie, après avoir avalé une tasse de café que je confectionnais moi-même, je me mettais à la besogne. A sept heures, notes pour le service, brouillons de lettres à remettre au net dans les bureaux, indications pour le travail du jour, pièces envoyées la veille à la signature, tout était prêt, scellé, sous pli respectif à chaque chef de division. Un attaché — général de brigade s'il vous plait — arrivait peu après prendre le tout pour la distribution du labeur quotidien au Département. J'avais ensuite tout loisir pour écouter, de très bonne heure, ceux qui avaient à me voir.

Ce n'est pas pour en tirer vanité que je trace ici ma petite méthode de travail. C'est parce que je crois qu'elle est une bonne hygiène de la vie, et qu'on peut la conseiller surtout aux ministres des finances haïtiens, dont les nerfs ont tant besoin d'être calmés. Se coucher tôt, se lever tôt, cela peut encore permettre de reculer quelque peu les limites de la vieillesse. Pour l'homme public, cette pratique est d'autant salutaire que le calme bienfaisant des premières heures du jour agit certainement sur le tempérament,.. Bref, que j'aie fait de la bonne ou de la mauvaise besogne au ministère, mon passage n'y a pas été une sinécure. Le lecteur pourra s'en convaincre, je l'espère, s'il prend la peine de lire les quelques extraits de la correspondance que je donne dans le cours de cet ouvrage, surtout avec le Chef d'État.

Sous une forme déguisée, le service de la trésorerie m'attirait de temps en temps quelques retours offensifs de la part de ceux qui en critiquaient la reprise de la Banque. Je ne pus que voir une manifestation de cet esprit dans la dépêche suivante :

Port-au-Prince, le 15 janvier 1906.

Nord Alexis, Président de la République, au Secrétaire d'Etat des finances.

Monsieur le Secrétaire d'Etat,

Je viens attirer votre attention sur les nombreux inconvénients que comporte le mode que vous avez adopté de faire d'abord aboutir à la capitale les recettes effectuées par toutes les circonscriptions financières et de les réexpédier ensuite pour les dépenses et paiements en province, les deux opérations ne s'accomplissant qu'à grands frais de commissions exorbitantes que nous sommes obligés de laisser aux maisons de commerce qui font les transports de comptes entre Port-au-Prince et la province.

Or, en agissant autrement, le contrôle de nos offices de trésorerie peut être garanti tout autant ; en outre, le système actuel donne lieu à d'infinies lenteurs, est exagérément onéreux et va contre la Constitution qui dispose (art. 157, titre IV) : « Les finances de la République sont décentralisées. »

Mon opinion est donc que vous devez aviser aux moyens de laisser en dépôt les recettes de l'Etat dans les villes où elles auront été effectuées. Les agents de votre département vous assureront le respect et la remise des comptes exacts des sommes perçues. Sur votre ordre, les dépenses publiques se feront, au moyen de ces encaisses, dans chaque division administrative. Si, à la fin du mois, il y a insuffisance de fonds pour les paiements, vous en expédierez de Port-au-Prince, et, en retour, les offices de la trésorerie vous tiendront constamment au courant des balances obtenues en supéravit, afin qu'au besoin on les fasse acheminer ici.

Accusez-moi au plus tôt réception de la présente et recevez, Monsieur le Secrétaire d'Etat, l'assurance de ma haute considération.

NORD ALEXIS.

Je répondis :

Port-au-Prince, le 17 janvier 1906.

Monsieur le Président,

J'ai eu l'honneur de recevoir votre dépêche d'hier, au n° 508 ; par son importance, elle a mérité ma plus sérieuse attention.

Je regrette profondément — et Votre Excellence me permettra de le lui dire avec loyauté — de ne pas partager ses vues sur le service de notre trésorerie, tel qu'il est établi actuellement.

Le mode qui a été adopté, selon moi, pour la marche de ce service, ne comporte ni lenteurs, ni commissions exorbitantes : il donne, en outre, au plus haut degré, toute garantie à l'Etat.

C'est même grâce à lui que nous n'avons éprouvé, depuis six mois qu'il fonctionne, aucun mécompte de la part des comptables des deniers publics ; je craindrais qu'il en soit autrement s'il devra être laissé en dépôt de fortes sommes dans les provinces. Et, du reste, pourquoi le faire quand les trois quarts de nos dépenses s'opèrent à la capitale ? quand, en dehors des sommes qui sont réservées pour les appointements, on est forcément obligé de faire aboutir la balance à la recette générale pour le service public ?

Suivant le procédé actuel, la Recette générale garde, vers la fin du mois, ce qui est nécessaire pour le service des appointements dans les maisons de commerce qui, en chaque ville, font le service pour son compte. Il est bien évident que ce système est provisoire et qu'il faudra, quand la situation sera nettement établie avec la Banque Nationale d'Haïti, le réglementer d'autre façon, en supprimant l'intermédiaire de ces maisons : nos trésoriers pourront faire aboutir alors eux-mêmes les fonds nécessaires à la Recette générale, remplaçant la Banque et chargée, d'après l'article 52 des règlements, de « centraliser » le service de dépense.

Cependant, Votre Excellence se rappellera que notre service, tel que l'a constitué le département, fonctionne depuis peu, que, récemment, les payeurs en étaient seuls chargés encore dans bien des localités. Il est donc nécessaire qu'ils soient contrôlés. Ils le sont de façon efficace parce qu'ils sont obligés de verser aux maisons désignées par la Recette générale. Ils donnent avis après chaque versement. Ils échappent à toute tentative d'accuser des balances fictives. La Recette, d'un autre côté, pouvant faire immédiatement usage des fonds disponibles, n'éprouve aucune lenteur dans les paiements pour le service public.

C'est ce procédé qui a permis au département, — contrairement à l'usage qui, chaque année, voulait que l'Etat, à la fin de décembre, empruntât de la Banque quelques centaines de milliers de gourdes pour payer novembre et décembre réunis, — de faire face au paiement de ces deux mois avec ses ressources.

Votre Excellence sait, en effet, que ces deux mois ont été intégralement acquittés, sauf une petite balance en province de 44,244 gourdes 20 et 721 dollars 88, pour le paiement de laquelle, les fonds pouvant aisément se faire, j'attends les instructions nécessaires que j'ai sollicitées par ma dépêche du 15 janvier courant, au n° 64.

Ainsi, cette période si difficile de fin d'année aura été heureusement close : la Recette générale aura bien secondé Votre Excel'ence dans ses efforts incessants pour assurer la marche régulière du service,

En ce qui touche les commissions que la Recette paie, j'ai déjà eu l'honneur de faire remarquer à Votre Excellence que les chiffres portés dans la dernière situation remise par le commissariat près la Banque ne sont pas des chiffres pour commissions : ce sont des versements pour chèques donnés par différentes maisons de la place. Ni les 11,800 gourdes, ni les 60,000 gourdes dont Votre Excellence m'a parlé n'ont été comptées pour commissions. L'exorbitance même de ces chiffres démontre l'erreur commise.

Votre Excellence me demandant une prompte réponse à sa dépêche d'hier, je suis forcé de la lui faire sans attendre l'état général des commissions payées par le directeur de la Recette. Je le lui ai demandé sans retard pour vous l'envoyer. Mais je vous assure, Monsieur le Président, que ce service nous coûte bien meilleur marché qu'avec la Banque d'Haïti. Du reste, les deux maisons qui le font pour compte de l'Etat n'y tiennent pas beaucoup : l'une, déjà, prétextant les frais et peines qu'il lui cause, a voulu s'en décharger dès les premiers jours de cette année.

Vous me prescrivez « d'aviser aux moyens de laisser en dépôt les recettes de l'Etat dans les villes où elles auront été effectuées ». Je m'incline devant la pensée de Votre Excellence. Toutefois, je me permettrai, pour plusieurs raisons, de lui demander d'en surseoir l'exécution jusqu'au moment où nous serons définitivement fixés sur les intentions de la Banque d'Haïti. Car, en ce moment, le puis-je sans des débours excessifs pour assurer la sécurité matérielle des recettes, débours qui seraient inutiles si une entente survenait avec la Banque ? Je ne parle pas de la sécurité morale, Votre Excellence voulant bien me garantir que « les agents de mon département assureront le respect et la remise des comptes exacts des sommes perçues ».

En résumé, mon opinion est que ce système provisoire, qui n'est ni coûteux ni lent, peut être encore avantageusement modifié dans le sens indiqué par la haute sagesse de Votre Excellence, à savoir qu'il faut, par économie, — et aussi parce qu'il est inutile de faire autrement, — laisser dans les villes les fonds nécessaires au service budgétaire des appointements, solde, ration, etc.

C'est ce que j'ai toujours recommandé à la Recette générale pour éviter des frais. Je vais encore le lui réitérer, et d'une façon formelle.

En finissant, vous me permettrez, Monsieur le Président, de m'arrêter sur ce passage de la dépêche d'hier :

« Le système actuel va contre la Constitution

qui dispose (art. 157, titre IV) : « Les finances
« de la République sont décentralisées. »

Cette formule, qui figure depuis longtemps
dans nos Constitutions, doit se compléter par
ce deuxième alinéa du même article :

« Une loi fixera incessamment la portion des
« revenus publics afférents aux Conseils d'ar-
« rondissements ou aux Conseils communaux. »

C'est dans le sens précité que l'article 157
de la Constitution aurait pu être violé. Or, il
n'en est pas ainsi, et Votre Excellence ne le
permettrait pas, puisqu'aucune valeur affectée à telle ou telle portion du territoire de la
République n'a été détournée de son affectation et accaparée par une autre ; car tel est le
but que s'était proposé le législateur en posant
un principe, resté sans application, du reste.

Je demande pardon à Votre Excellence d'entrer dans ces considérations, mais la question
de la décentralisation, bien que sans objet et
de nulle pratique dans notre Constitution, où
elle ne figure qu'à l'état de vague promesse,
— soulevée dans l'importante dépêche du 15
janvier courant, — m'oblige, du fait même
qu'elle est posée, à déclarer que, dans mon
humble conviction, aucune centralisation politique ne saurait exister chez nous à côté de la
décentralisation des *fonds* de l'Etat.

Cette opinion, je me hâte de l'ajouter, ne

concerne d'aucune façon l'observation générale et parfaitement judicieuse de Votre Excellence qu'il faut diminuer, le plus possible, les frais de perception de notre service de trésorerie, sans le mettre en péril, toutefois.

Encore une fois, je vous prie, Monsieur le Président, d'excuser la longueur de cette réponse. Je suis certain que vous n'y trouverez que le souci constant de ne pas mériter de reproches, de servir votre Gouvernement avec zèle et conviction, selon le principe directeur de ma conscience et le respect que j'ai de votre gloire, qui doit m'être chère, puisque, tout le temps que j'aurai l'honneur d'avoir votre confiance, quelque reflet peut en rejaillir sur ma chétive personnalité.

Je reste de Votre Excellence le très dévoué serviteur,

F. MARCELIN.

Quelques jours après, je lui communiquai l'état des commissions payées :

Port-au-Prince, le 20 janvier 1906.

Monsieur le Président,

J'ai l'honneur — pour faire suite à ma dépêche du 17 janvier courant, au n° 194, — de prier Votre Excellence de trouver sous ce pli les états des commissions payées par la Direction générale de la recette et de la dépense, du 1er octobre 1905 au 6 janvier 1906, pour le service de la trésorerie.

Cet état s'élève, pour cette période, à 5,272 gourdes 37 0/0 et 856 dollars 33 0/0.

Comme Votre Excellence le verra bien par la lettre du directeur général de la recette et de la dépense qui accompagne les états, lettre que j'ai l'honneur de lui remettre également sous ce pli, c'est une commission de 1/2 0/0 qui est accordée tant pour les encaissements que pour les dépenses, tandis que la Banque nous faisait payer 1 0/0 à l'encaissement, 1 1/2 0/0 au paiement, sans compter les 3/4 0/0 pour transport de fonds de la province.

En résumé, sur un chiffre total pour tous les arrondissements financiers de la République, Port-au-Prince excepté, à l'entrée et à la sortie, de $ 1,127,152 gourdes (un million cent vingt-sept mille cent cinquante-deux gourdes), il a été payé $ 5,000 (cinq mille gourdes) de commission : les 272 gourdes 37 centimes ayant été comptées pour un service spécial (rentrée à Port-au-Prince de billets détériorés).

Je prie Votre Excellence d'agréer les hommages respectueux de mon entier dévouement.

F. MARCELIN.

Toujours préoccupé des spéculations sur le change, spéculations qui véritablement. ne reposaient sur rien, n'étaient que le jeu sans déguisement, le Président m'écrivit :

Port-au-Prince, le 19 janvier 1906.

Monsieur le Secrétaire d'Etat,

Je vous informe que, pour endiguer le flot montant des nouvelles alarmantes mises chaque jour en circulation par des courtiers interlopes pour s'assurer de gros bénéfices dans les opérations payables-livrables en or à un taux considérable, le département de la police est contraint d'informer le public que le gouvernement doit prendre les mesures suivantes :

1° Seront frappés d'un droit de 1 0/0 or toutes opérations de Bourse à terme, opérations qui ne roulent que sur les payables-livrables or.

2° Aucune opération de ce genre n'aura de valeur en justice qu'autant qu'elle aura été faite par l'entremise obligée d'un courtier assermenté.

Cette mesure, qui doit ramener la stabilité dans le prix des choses, faciliter les transactions régulières de commerce et servir de base à la tranquillité publique en enrayant les propagandes mauvaises, exige une application immédiate, en attendant que les pouvoirs compétents viennent la réglementer suivant les formes voulues.

Au reste, votre collègue de l'intérieur vous fera probablement connaître bientôt la façon qu'il aura adoptée de faire sortir leur plein effet des propositions susénoncées.

Recevez, Monsieur le Secrétaire d'Etat, l'assurance de ma haute considération.

Nord Alexis.

Le Président n'était que trop enclin à croire que des mesures de police pouvaient endiguer la hausse du change ; il s'adressait donc naturellement à son ministre de l'intérieur. Mais je savais par expérience le mal que l'immixtion de l'autorité amène toujours dans la question de prime sur l'or sous le régime du papier-monnaie. J'étais sûr qu'une hausse nouvelle, cette fois encore, allait s'ensuivre. J'allai donc trouver le chef de l'Etat. Je lui représentai qu'il était contraire à tous les principes d'une bonne économie politique de faire intervenir dans une question de change le ministre de la police. Le Président me répondit que sous cette question économique il y avait une question politique et qu'on voulait renverser son gouvernement. Je revins à la charge, persistant plus vivement encore dans mes objections. Il finit, à la fin, sur ma promesse de m'occuper moi-même des mesures à prendre, par ne pas donner suite à sa dépêche.

Voici trois rapports qui résument la situation financière à cette époque de l'année :

Port-au-Prince, le 20 janvier 1906.

Monsieur le Président,

J'ai l'honneur, le plus succinctement possible, de vous présenter ce rapport appuyé des pièces qui le justifient, tant sur la clôture de l'exercice 1904-1905 que sur le premier trimestre de l'exercice 1905-1906, arrêté au 31 décembre 1905.

EXERCICE 1904-1905

Ainsi que vous le savez, Monsieur le Président, le crédit budgétaire pour l'exercice 1904-1905 a été voté comme il suit :

	Billets	Or américain
Relations extérieures	17.260 »	103.756 44
Finances et commerce	681.234 16	73.122 56
Guerre	1.185.415 85 2/3	14.200 »
Marine	169.967 »	40.520 »
Intérieur et police générale	705.972 38	237.700 »
Travaux publics...	1.747.680 »	122.622 »
Agriculture	426.826 »	27.000 »
Instruction publique	792.264 82	10.380 »
Justice	506.224 »	6.000 »
Cultes	34.212 »	61.109 40
Dette publique.....	54.350 »	2.517.369 50
Service de la Banque	68.867 78	163.917 96
	6.390.273 99 2/3	3.377.697 86
Crédits supplémentaires :		
Valeurs payées..	1.071.489 95	191.928 62
Valeurs à payer.	518.043 22	216.482 77
$	1.589.533 17	408.411 39
RÉSUMÉ		
Crédits annuels...	6.390.273 99 2/3	3.377.697 86
Crésits supplémentaires	1.589.533 17	408.411 39
Totaux....$	7.979.807 16 2/3	3.786.109 25

Des ressources extraordinaires des voies et moyens s'élevant, selon le budget, à $ 4,600,000 gourdes, il restait au 12 avril 1905 une somme non disposée :

En billets....................$ 1.087.559 26
Et en nickel...................   72.000 »
                             $ 1.159.559 26

Mais l'intégralité des appointements, pension, location, etc., du mois de mars, devait être payée immédiatement, ainsi que bien d'autres dépenses urgentes. On entrait bientôt dans la session législative. Les indemnités des députés et des sénateurs, par suite de leur conversion en gourdes, étaient ainsi doublées. Aux derniers, il fallait acquitter de plus les indemnités dues depuis octobre 1904 jusqu'à mars 1905, ainsi que celles, à partir de février, à nos ministres et consuls à l'étranger. Tous nos droits d'exportation, sauf une partie des droits sur café-triage, étaient engagés de même que la totalité de la surtaxe-or de 25 0/0, moins 1/8.-Enfin, les droits encaissés à l'importation en gourdes diminuaient chaque jour pour tomber, au mois d'août, à 179,266.64 gourdes.

Heureusement, le Corps législatif décida que la nouvelle frappe de 1 million de gourdes en nickel serait affectée au service public.

D'un autre côté, l'Etat eut la disponibilité ultérieure, par un vote des Chambres, des 150,000 dollars du procès de la Consolidation. Sous ce pli, Votre Excellence trouvera l'état détaillé des divers paiements effectués à l'aide de cette valeur et qui ont été, au surplus, l'objet d'un compte spécial au commissariat du Gouvernement près la Banque. A ce compte a été également portée la somme de 31,383 dollars 10 (provenant de 83,024 dollars 04 d'obligations consolidées 12 0/0 et 6 0/0 vendues à 42 0/0 — 34,870 dollars-or 10 moins 10 0/0 commission liquidation — 3,487 dollars 10).

L'état ci-joint est la reproduction littérale des écritures passées au département.

Le Trésor public encaissa aussi, plus tard, du procès de la Consolidation et sur un arrêt du Tribunal de cassation rendu en faveur de l'Etat contre M. Sylla Laraque un chiffre de 34,010 dollars 78 se décomposant comme suit :

Valeur provenant de saisie sur titres Sylla Laraque (arrêt du Tribunal de cassation)..........$-or	18.696 03
Valeur provenant de la vente de 203 titres roses..................	3.654 »
Valeur provenant du dernier règlement fait avec les frères Sam...	1.845 02
A reporter.......	24.195 05

Report............	24.195 05
Vente de 50,357 dollars 42 consolidés 6 0/0.....................	9.064 34
Valeur provenant de remise faite par la maison Déjardin, Th. Lüders et C°.....................	751 39
$-or	34.010 78

N. B. — (Sur les 1,845 dollars 02 provenant des frères D. et L. Sam, le Commissariat a été autorisé à porter dollars 1,000 au crédit du compte « Recettes et Paiements-or » et à vendre au taux du jour 845 dollars 02. Cette valeur a été vendue à M. Alfred Lefebvre à 477 0/0, comme il appert du memorandum du Syndicat des Courtiers et Agents de change inséré au *Journal officiel*. Le produit de cette conversion a été porté au crédit du compte « Recettes et Paiement-gourdes ».)

Cette somme, versée au commissaire du Gouvernement près la Banque dans le compte « Recettes et Paiements-or » a servi à l'acquittement d'ordres de paiements afférant à cette période de 1904-1905.

Je vous demande maintenant la permission, Monsieur le Président, de vous communiquer quelques pièces que je vais énumérer pour que la situation de cet exercice soit bien établie.

De l'état A, il ressort que l'importation a

donné un chiffre, pour droits perçus, de 2 millions 284,540.75 gourdes et de 545,322.89 en or.

Les prévisions budgétaires étaient réciproquement de 2,630,101.25 billets et de 638,585.97 or.

D'où moins-value de 345,560.50 billets et 93,263.08 or.

L'exportation a produit or 1,616,866.37 et 90,316.64 billets : le café, principal produit de notre exportation, n'a pas dépassé le chiffre de 44,360,905 livres.

Les prévisions budgétaires étaient réciproquement de 8,070.30 billets et de 2,449,352.73 or.

D'où plus-value de 82,246.34 billets et moins-value en or de 832,486 dollars 36.

Au demeurant, l'exercice 1904-1905 a laissé un déficit budgétaire de :

Importation, billets.............$	345.560 50
A soustraire la plus-value de l'export billets...................	82.246 34
Reste...............$	263.314 16
Importation or.................$	93.263 08
Exportation or.................	832.486 36
Total or............$	925.749 44

Les sommes recouvrées pour le service des deux Dettes extérieures présentent, d'après les encaissements de l'exercice 1904-1905, les chiffres suivants :

Emprunt de 50,000,000 de francs, $ 1.20 ....$	532.330 86
Emprunt Domingue, 0.33 1/3 0/0.	147.869 68
Total or ....$	680.200 54
L'annuité de ces deux emprunts, suivant le budget de l'exercice 1904-1905, s'élève à ....$	933.652 88
Déficit or ....$	253.452 34

La comparaison, établie en l'état B, démontre que l'exercice 1903-1904 avait donné à l'importation $ 2,144,458.45 billets et $ 522,328.52 or.

L'exportation, de son côté, avait produit $ 3,007,976.25 or et $ 8,216.65 billets.

Le café, notre principal produit, avait atteint le chiffre de 88,964,611 livres.

De l'état C, il ressort que des mandats signés sur le commissariat, faisant le service de notre Trésorerie, il reste à payer par insuffisance de recettes, pour 1904-1905 :

Billets ....$	11.852 33
Or ....$	4.758 74

Ces mandats seront acquittés au fur et à

mesure, et de manière à ne pas nuire au service courant : leur montant sera porté à la Direction générale de la Recette et de la Dépense au compte qui a été antérieurement ouvert dans ses livres sous la rubrique : « Avances à l'exercice 1904-1905 ».

Je dois maintenant, Monsieur le Président, établir ce qui reste à payer.

L'état D prouve qu'il y a en gourdes 24,592 de contre-bons (banque et commissariat). Il faut ajouter à ce chiffre un contre-bon n° A4 émis par la Direction générale de la Recette et de la Dépense de 3,500, soit un total de $ 28,092. 31 gourdes.

Le chiffre des contre-bons en or est de $ 7,922.83.

Les états E, F, G, H, I, J, K, L, M, démontrent qu'il y a au département des finances, en dépôt, des ordonnances s'élevant aux chiffres suivants :

	Billets	Or américain
Travaux publics.....$	183.436 49	2.442 20
Finances et commerce	14.698 50	1.569 32
Guerre et marine.....	7.925 74	13.255 »
Relations extérieures.	»	2.000 »
Intérieur.............	38.158 40	5.062 »
Justice...............	2.268 75	»
Agriculture..........	142 14	1.500 »
Cultes...............	»	6.362 50
Instruction publique..	68 75	»
$	246.698 77	32.191 02

Si on ajoute à ces chiffres ceux des contrebons, on trouve qu'il restera à liquider définitivement un total de 274,791.08 gourdes et 40,113.85 or.

Il n'est pas probable que les recettes de l'exercice périmé permettent cette libération. Il faudra donc recourir à un acte de la puissance législative. Il conviendra alors d'ajouter à la balance précitée celle qui résultera nécessairement, à l'actif ou au passif, du compte « Avances à l'exercice 1904-1905 », tel qu'il va être établi dans le trimestre de 1905-1906 échu le 31 décembre expiré.

Enfin, du dernier état N, il appert, d'un compte signé par le Commissaire du Gouvernement près la Banque, qu'il existe dans ses caisses 10,464.35 gourdes en monnaie d'argent à la date du 30 octobre 1905.

J'adresserai sans retard à Votre Excellence la deuxième partie du rapport sur le premier trimestre de l'exercice 1905-1906.

En attendant, je vous prie, Monsieur le Président, d'agréer l'hommage respectueux de mon entier dévouement.

F. MARCELIN.

Port-au-Prince, le 20 janvier 1906.

Monsieur le Président,

J'ai l'honneur, après mon rapport sur l'exercice 1904-1905, de vous présenter la situation du premier trimestre de l'exercice 1905-1906.

Le service à partir du 1ᵉʳ octobre expiré est fait, ainsi que vous le savez, par la Direction générale de la Recette et de la Dépense créée à Port-au-Prince. Elle remplace la Banque Nationale d'Haïti pour l'Encaissement et la Dépense.

Je me plais, — et j'espère que Votre Excellence ratifiera ce jugement, — à rendre hommage à la correction, à l'intelligence, à l'activité, à la probité qui ont jusqu'ici distingué notre Trésorerie nationale : au-dessous du haut appui prêté par vous à ce service, il n'est que juste de signaler que le mérite de cette réussite revient au Directeur général de la Recette et de la Dépense, lequel à d'éminentes qualités joint une modestie bien rare dans nos administrations publiques.

Le budget des Voies et Moyens, pour l'exercice 1905-1906, s'élève en billets à $ 5 millions 471,725.94 et en or à $ 3,016,505.58.

Ces chiffres à réaliser s'équilibrent pareillement pour la Dépense.

Jusqu'ici, il n'a été compté sur reçus que quelques valeurs insignifiantes et à régulariser immédiatement dans le douzième en cours: j'ai fait tous mes efforts pour finir avec ce système déplorable. Je crois avoir réussi.

Les douzièmes aussi sont régulièrement publiés au *Moniteur* chaque mois.

Cependant, d'ordre du Conseil des Secrétaires d'Etat, il a été compté les valeurs suivantes à régulariser ultérieurement, c'est-à-dire sur crédit supplémentaire :

	Billets	Or amér.
Relations extérieures :		
Indemnité accordée à M. Gerville-Réache	»	2.000
Finances et commerce :		
Commission accordée à MM. M. Th. Dupuy et Filsaimé (Commission de vérification de la comptabilité de la Douane)	»	100
Aux inspecteurs pour le mois de novembre 1905	1.250	»
Frais de déplacement de l'inspecteur Th. Samson	100	»
Frais de déplacement de l'inspecteur Garescher	100	»
Indemnités des cinq inspecteurs, décembre 1905	1.500	»
A reporter	2.950	2.100

	Billets	Or amer.
Report....	2.950	2.100
A MM. F. Hermann et C° pour trois mois de location (bureau du timbre et bureau central du timbre) à $ 20 or.................	»	60
A MM. Otto Bieber et C° pour frais de passage des inspecteurs	»	45
$	2.950	2.205

Guerre et marine :

Valeur devant servir aux différents frais à faire à l'occasion de la prochaine arrivée de Nord Alexis......	»	3.500

Intérieur :

Frais de fête de fin d'année	5.500	»
— —	1.200	»
— —	13.300	»
	20.000	»

C'est ici l'occasion de prier Votre Excellence de m'aider pour empêcher absolument le Conseil de prendre de semblables décisions ; non seulement elles ne sont pas en rapport avec nos règlements, mais encore elles jettent la confusion dans le budget en cours et le déséquilibrent. Elles ont de plus le fâcheux effet de provoquer fatalement aux crédits supplémentaires.

J'ai le bonheur jusqu'ici de n'avoir que ce chiffre insignifiant de $ 22,950 billets et de $ 5,705 or et je souhaite qu'il ne sera pas sensiblement dépassé, grâce au puissant concours de Votre Excellence.

Il n'en sera malheureusement pas de même pour la ration extraordinaire de l'armée. Une décision du Conseil, dès le mois d'octobre, a permis le forcement du douzième budgétaire, par rapport à certaines préoccupations légitimes et nationales. Les fonds sont donc épuisés. Il sera bientôt nécessaire de payer sur reçus. Hors ces cas extraordinaires, je crois qu'il est de mon devoir de résister à toute sortie de fonds *à régulariser ultérieurement.*

Voici les états que j'ai l'honneur de soumettre à Votre Excellence :

L'état O donne le trimestre de notre exportation de café, moins les mois de novembre et de décembre dont la statistique officielle, pour certaines villes, n'est pas arrivée au département.

J'estime le rendement de ce trimestre de 20 à 21 millions de livres. La récolte sera moyenne : elle ne dépassera pas 60 millions.

Peut-être pourra-t-on considérer ce chiffre comme certain ou qu'on le dépassera même, si le département obtient partout le respect de nos lois de Douanes. Il ne ménage, pour arriver à ce résultat, ni ses efforts, ni ses peines. Il combat partout, et sans cesse, le désordre, la fraude, fidèle exécuteur en cela de votre pensée, Monsieur le Président, qui veut que les deniers de l'Etat soient respectés par tous.

L'état P donne l'aperçu des recettes et des paiements effectués du 1er octobre au 30 décembre 1905 par la Recette générale.

Ce chiffre s'élève à 1,519,091.51 gourdes à la recette, contre 1,463,752.03 à la dépense : d'où balance en caisse, au 31 décembre, de $ 55,339.48.

Sur ces sommes, tant au paiement qu'à l'encaissement, il a été versé en commission, frais de transport de billets détériorés à la capitale, le chiffre de $ 5,272.37 gourdes, ainsi que l'atteste ma dépêche du 20 janvier courant, adressée à Votre Excellence, qu'accompagnait l'état fourni par le Directeur général de la Recette et de la Dépense.

En installant notre service de Trésorerie, j'ai toujours, et à maintes reprises, recommandé, tant à Port-au-Prince que dans les autres villes, la plus stricte économie. Aucune dépense ne doit être faite en dehors d'ordres formels du département et elle resterait, en ce cas, sous la responsabilité du Directeur général ou de ses agents. Les fonds, pour des motifs puissants de sécurité et de contrôle, sont centralisés à Port-au-Prince. Aucun Directeur ou Percepteur en province ne doit, sous sa responsabilité personnelle, se dérober à l'action directe de la Direction générale de Port-au-Prince. Cela est absolument indispensable pour la bonne marche du service.

Au surplus, j'ai eu l'honneur, Monsieur le Président, de vous adresser une dépêche à ce sujet le 17 janvier.

L'état Q établit qu'il a été fait à l'exercice 1904-1905 des avances en or s'élevant au chiffre total de 39,184.30.

L'état R donne le chiffre des avances en billets au même exercice. Il s'élève à 210,224.81 gourdes.

Cependant, l'exercice 1904-1905 avait, de son côté, payé en octobre des valeurs qui, nécessairement, doivent être déduites des précédentes avances. L'état S les établit ainsi :

Payé pour 1905-1906.......billets 127.928 56
Payé pour 1905-1906.........or   4.000 »

La soustraction de ces chiffres de ceux précédemment fournis pour avances à l'exercice 1904-1905 donne :

1° Balance faveur de 1905-1906, billets 82.296 25

A reporter............ 82.296 25

Report..............	82.296 25
A laquelle il faut ajouter le chiffre des mandats signés sur le Commissariat, non acquittés (selon la première partie du rapport).....	11.852 33
Total, gourdes..........$	94.148 58

2° Balance en faveur de 1905-06, or.	35.184 30
A laquelle il faut ajouter le chiffre des mandats signés sur le Commissariat et non acquittés (selon la première partie du rapport)..	4.758 74
Total, or..............$	39.943 04

Il est indispensable de ne plus faire d'avances à l'exercice 1904-1905, sous peine de gêner la marche du service courant. En dehors donc des mandats signés sur le Commissariat et non acquittés, je ne paierai plus rien à l'exercice 1904-1905, à moins d'un ordre formel de Votre Excellence, ce que je prendrai la liberté de la supplier de faire le moins possible.

Voilà maintenant le compte de valeurs versées par la Commission de liquidation du procès de la Consolidation. Etat T :

Ce compte, arrêté au 20 janvier courant, établit qu'il a été payé par la Direction générale de la Recette et de la Dépense 74,927 dollars 25 centimes de la Commission de liquidation.

Si, de ce chiffre, on déduit les 39,943.04 dollars que l'exercice 1905-1906 a avancés à 1904-1905, on trouve qu'il ne reste, en somme, qu'une balance de 34,984.21 dollars, balance qui se réduit à peu de chose, à 15,000 dollars environ, si, après conversion, on fait entrer en ligne de compte les 94,148.58 gourdes avancées à cette date au même exercice 1904-1905.

Il ressort donc, en résumé, que, sauf cette somme, qu'on peut évaluer à 15,000 dollars environ, l'exercice 1905-1906 s'est suffi amplement et a fait le paiement, en décembre, de deux mois, plus des dépenses extraordinaires de fin d'année avec ses seules forces : pas n'a été besoin de faire ni emprunt, ni appel de fonds d'aucune sorte.

Cette vérité ressort plus évidente de l'état U.

En effet, cet état démontre qu'à la date du 20 janvier courant il existe dans les caisses de la Recette générale une balance disponible en or de 62,000 dollars.

Je vous fais souvenir aussi, Monsieur le Président, qu'il est gardé en réserve et partant immobilisée une somme de 50,000 gourdes de nickel à la Direction générale de la Recette et de la Dépense. Cette somme, après différentes expéditions en province et paiements pour solde et ration, provient de l'échange qui fut fait contre billets du Commissariat du Gouvernement près la Banque d'une valeur de $ 90,905.65 en nickel.

Cependant, ce rapport étant déjà assez étendu, je préfère m'arrêter ici. Dans une nouvelle dépêche que j'aurai l'honneur de vous adresser, Monsieur le Président, je développerai, avec votre permission, quelques conclusions générales sur la marche de l'exercice dont le premier trimestre vient de finir.

Que Votre Excellence daigne agréer l'hommage de tout mon dévouement.

F. MARCELIN.

Port-au-Prince, le 29 janvier 1906.

A Son Excellence le Président de la République, Palais National.

Monsieur le Président,

Cette dépêche est le complément des deux précédents rapports du 20 janvier courant : elle a pour but de présenter quelques considérations supplémentaires à Votre Excellence sur la marche de l'exercice 1905-1906 et sur notre situation financière.

Droits disponibles.

Les ressources dont le Trésor dispose consistent, en ce moment, dans l'intégralité des droits en gourdes : importation et exportation gourdes, excepté :

a) Les droits de wharfage à Jacmel ;
b) Les droits de wharfage à Port-de-Paix ;
c) Les droits de wharfage aux Cayes.

Les droits disponibles en or sont :

d) 23 centimes 1/3 des droits sur café ;
e) 50 0/0 des droits de tonnage réalisés aux Cayes ;
f) L'intégralité des droits de tonnage réalisés dans les autres arrondissements financiers ;
g) 75 0/0 des droits sur triage de café ;
h) 1/8 des 25 0/0 or sur droits d'importation ;
i) 2/8 des 25 0/0 or sur droits d'importation. Ces deux huitièmes formaient la garantie de l'emprunt de la convention budgétaire dont le solde, au 1ᵉʳ janvier, était de 15,204.54 dollars : dans quelques jours, ces deux huitièmes seront complètement libres ;
j) 80 0/0 des droits sur cacao, campêche et racines de campêche : les 20 0/0 des droits sur les mêmes denrées seront aussi disponibles après le paiement de la garantie du chemin

ce 1er P. C. S., à peu près vers le mois de juin, et ce jusqu'au 30 septembre 1906.

Il convient d'ajouter que le huitième restant de la surtaxe-or de 25 0/0 à l'importation, qui garantit l'avance de 100,000 dollars pour la Banque Nationale d'Haïti, — laquelle avance n'est plus que de 30,110.75 dollars environ, — sera libre vers le mois de mai (1) de cette année à peu près. Il y aura alors comme nouvelle recette disponible :

k) Les 0.05 1/3 or des droits sur café ;

l) Les autres produits d'exportation ;

m) Le huitième des 25 0/0 or sur droits d'exportation.

Situation de la Banque.

La dernière situation de la Banque arrêtée au 29 janvier établit que l'on doit à cet établissement :

Gourdes, $ 84,992.84 centimes sur recettes et paiements : cette balance provient du retrait de notre service de Trésorerie, et or $ 38,110.75: solde de l'avance de 100,000 dollars, avance garantie par les droits *k*, *l*, *m*, mentionnés plus haut.

---

(1) Il a été ajouté à cette garantie les 2/8 libérés de la convention budgétaire, ce qui a permis de s'acquitter complètement avec la Banque dès les premiers jours de mars.

Papier-monnaie.

Le montant des billets émis s'élève à.....................$	13.325.248
De ce chiffre, il faut retrancher le montant des billets perforés en dépôt à la Banque avant la loi du 13 août 1903...................	10.000
$	13.315.248
Billets retirés de la circulation et livrés aux flammes par la Commission du retrait..............	2.500.000
En circulation...............$	10.815.248
Au 27 janvier, il y avait à la Banque en dépôt, pour être brûlée, une somme de....................,...$	138.979 45
à laquelle il faut ajouter le montant de la dernière vente d'or du 26 janvier, soit...............	120.000 »
plus la balance pour licences....	5.352 44
$	264.331 89

Il figure à cette date, au crédit du compte retrait, environ $ 9,000 dollars qui, complétés, seront vendus d'un moment à l'autre, pour le montant être livré aux flammes.

Il est certain que vers le mois d'avril il n'y

aura plus qu'une circulation de 10,000,000 de gourdes dans le pays.

Cependant, cette quantité de papier-monnaie est trop forte pour les besoins de notre marché. C'est elle qui est cause de toutes les fluctuations du change. C'est elle qui désorganise les affaires commerciales en y faisant demeurer, à l'état endémique, l'agio, ce facteur qui ne recule devant aucun moyen, devant aucune propagande pour atteindre son but...

Le département, en vue d'enrayer les effets désastreux de l'agio, avait, en même temps qu'il demandait d'affecter la moitié de la surtaxe-or de l'importation à la garantie du papier-monnaie, préconisé dans le projet de loi du 12 mai 1905 la formation d'un syndicat de garantie « pour empêcher toute panique du change ». Il est regrettable que le Corps législatif ait rejeté cette partie du projet qui eût assurément donné de bons résultats.

Le devoir et l'intérêt général prescrivant impérieusement le changement ou tout au moins la modification de notre assiette financière, le département soumettra à l'approbation du Conseil des Secrétaires d'Etat un projet qu'il croit propre à améliorer la situation et à détruire l'agio.

Puisse-t-il être bien inspiré ! Et s'il l'est, puisse-t-il, cette fois, être bien secondé !

Dette intérieure.

Voici la situation de cette dette, telle quelle ressort de la loi du 23 juin :

Or américain

Consolidés 6 0/0, capital......$	1.352.635 32
Arriéré au 30 juin 1905........	12.714 78
Consolidés 12 0/0, capital.....$	4.242.254 11
Arriéré au 30 juin 1905........	80.178 40
Emprunts unifiés, capital.....$	2.087.994 88
Arriéré au 30 juin 1905.........	35.076 72
Dette convertie, capital (obligations bleues)................$	2.297.135 33
Coupon arriéré (juillet 1905)...	57.428 38
Dette consolidée, capital (obligations roses).................$	3.041.909 87
Coupon arriéré (juillet 1905)...	76.047 74

Sur un capital de $ 13,021,929.51, il est donc dû une somme de $ 261,446.02 dollars pour arriéré au 30 juin 1905.

La récolte de café n'ayant donné l'année dernière que 44,000,000 de livres environ, les sommes encaissées ont été insuffisantes pour liquider le service au moment où la loi portant réduction des intérêts fut mise en application.

L'affectation de 1.33 1/3 n'a jamais été détournée. Elle a toujours été exclusivement employée au service des consolidés 12 et 6 0/0 jusqu'à la date de la promulgation de la loi qui affecte désormais 1.10 à la liquidation des obligations de la Dette intérieure.

Les sommes existant en dépôt à la Banque Nationale au 1er juillet 1905 pour compte des porteurs desdits consolidés et des porteurs des titres des emprunts unifiés présentaient les chiffres suivants :

Consolidés 12 et 6 0/0..........or 5.816 99
Emprunts unifiés...............or 5.855 62

Ces deux valeurs ont été réparties entre les ayants droit le 18 décembre 1905 par les soins de la Banque Nationale, en conformité des instructions du département.

L'arriéré dont parlent les porteurs dans leur lettre du 22 janvier courant, — lettre qui a été lue en Conseil des Secrétaires d'Etat, — ne constitue pas un fait reprochable à l'Etat. Il provient, ainsi qu'on vient de le dire, des encaissements qui n'ont pas atteint les prévisions budgétaires et qui peuvent même remonter à des années antérieures à celles de l'administration actuelle. Mais il fallait bien, avec la nouvelle loi, pour ne pas créer de confusion dans la comptabilité, commencer à nouveau le service des intérêts et amortissements réduits au moyen du produit de 1.10 sur café.

Cet arriéré, si c'en est un, doit être capitalisé, suivant une décision du Corps législatif.

Le 1ᵉʳ juillet dernier, il a été versé pour intérêts :

Consolidés 6 et 12 0/0........or 49.185 92
et, le 21 du même mois,
Emprunts unifiés.............or 20.879 95

Il se trouvait à la Banque, pour le service des titres bleus et roses, au 1ᵉʳ juillet dernier, 50,555.29 or 29 cent. Par suite du paiement des coupons en retard, l'encaisse est actuellement de 31,294.09 or.

Comment peut-on, avec cette somme de 31,294.09 or payer le coupon de juillet qui s'élève à 136,000 or environ ? Il n'est même pas possible d'en faire une répartition au prorata. Au moment de la reprise du service de l'échange des récépissés contre des titres de la caisse d'amortissement, cette valeur trouvera assurément son emploi.

Le coupon de juillet dernier doit aussi bien être capitalisé, en conformité d'une décision des Chambres législatives.

Je ne fermerai pas cette dépêche, Monsieur le Président, sans vous demander la permission d'arrêter votre haute attention sur cette considération, à savoir : qu'il est indispensable que votre autorité intervienne pour que, en vue de la morte-saison, les recettes du Trésor soient strictement réservées au service privilégié de la solde, de la ration, des appointements, etc., etc.

Il n'est plus possible, au moment où l'on va entrer dans les mois improductifs, de faire autrement : les dépenses pour travaux publics doivent donc être complètement suspendues, ou tout au moins parcimonieusement effectuées.

Dès le mois de février, je m'appliquerai à agir de cette façon, afin de ménager les ressources chaque jour diminuantes des Douanes.

Je ne veux pas me permettre de critiquer aucun service. Cependant, pour ce qui a trait aux travaux publics, dans l'intérêt supérieur de la bonne marche de nos finances, j'oserai dire qu'il faut enrayer et qu'il est urgent de ne plus signer de contrats pouvant déséquilibrer nos budgets et troubler leur harmonie. Il est particulièrement essentiel de ne pas engager nos droits de Douane libérés, soit pour des chemins de fer, soit pour des entreprises ou constructions quelconques. Au reste, on ne peut tout faire à la fois et à chaque jour suffit sa peine.

Je connais trop la profonde sagesse et l'expérience de Votre Excellence pour ne pas me reposer entièrement sur elle en tout ce qui concerne le bien général.

Je vous prie, Monsieur le Président, d'agréer

l'hommage de mon profond respect et de mon entier dévouement.

F. MARCELIN.

Les trois lettres suivantes qui ont trait à la Trésorerie établiront mieux qu'aucun commentaire toutes les difficultés que j'eus à surmonter pour maintenir l'ordre, la régularité, la discipline hiérarchique dans ce service. Chaque jour c'était une lutte nouvelle, les percepteurs, dans le désir de se rendre indépendants, s'adressant directement au Président, et le Président, dans sa conception cristallisée de chef d'Etat devant qui tout doit plier, prenant des décisions en dehors du ministre des finances. Voici ces lettres :

Port-au-Prince, le 24 janvier 1906.

Monsieur le Président,

J'ai l'honneur de vous prier de trouver sous ce pli une lettre et un télégramme du directeur de la recette du Cap-Haïtien.

En agissant de cette façon, ce percepteur va

causer les plus graves préjudices au service de la Recette et du Paiement, car, à part les responsabilités qu'il encourt, il arrivera que des chèques tirés pour le service public ne pourront pas être acquittés à leur présentation, puisqu'ils sont employés, à l'insu de la Direction générale, à d'autre objet.

Ce percepteur doit savoir qu'il doit obéir aux instructions du directeur de la recette générale, qui ne fait que lui transmettre les miennes. Si des modifications peuvent être faites à ces instructions, elles doivent lui être transmises hiérarchiquement et il ne saurait les modifier à son gré.

Cette façon de faire compromettra assurément la marche du service, et est le présage, s'il était toléré, de grands dommages pour l'avenir.

Votre Excellence ne permettra pas cet empiétement à la hiérarchie qui est indispensable partout, et surtout dans ce cas-ci.

Je vous prie d'agréer, Monsieur le Président, l'hommage de tout mon respect et de tout mon dévouement.

F. MARCELIN.

Port-au-Prince, le 25 janvier 1906.

Au Directeur général de la recette
et de la dépense.

Monsieur le Directeur,

Je vous rappelle les instructions formelles de mon département touchant le service de la trésorerie qui vous est confié. Ces instructions n'ont jamais été modifiées et vous avez pour devoir de veiller à leur pleine et entière exécution, ce, sous votre responsabilité personnelle. Il est bien entendu que vous demeurerez responsable vis-à-vis de mon département de la moindre négligence ou de la moindre infraction constatée dans le service des perceptions.

La comptabilité des percepteurs doit faire l'objet de votre plus vive attention.

Par l'état des talons des récépissés qu'ils vous envoient, vous devez vous assurer si tous les encaissements ont été régulièrement opérés. De cette façon, vous vous rendrez compte d'une manière exacte de leur balance en espèces qu'ils vous accusent chaque semaine.

La plus grande régularité doit être apportée dans la perception des revenus publics, et je connais assez vos sentiments de patriotisme pour croire que vous êtes disposé à donner à mon département tout le concours qu'il attend de vous.

Veuillez agréer, Monsieur le Directeur, les assurances de ma considération distinguée.

F. MARCELIN.

Port-au-Prince, le 3 février 1906.

Monsieur le Secrétaire d'Etat,

Je vous accuse réception de votre dépêche du 24 du mois dernier, au n° 200, concernant un télégramme de M. Coidavid-Toussaint, directeur de la dépense et de la recette du Cap-Haïtien, et j'ai scrupuleusement noté les communications qu'elle contient.

M. Coidavid-Toussaint m'ayant fait rapport que la maison Lyon & C°, du Cap, délivrait des reçus avec cette mention « valeur reçue comptant, à nos risques et périls », j'ai cru nécessaire de faire des dépenses pour l'établissement d'un bureau offrant toute la sécurité désirable aux valeurs qui y sont déposées pour compte de l'Etat, en ayant soin de faire placer à proximité du bureau, pour sa surveillance, une garde sous le contrôle du directeur de la recette qui a toute ma confiance. Ce dernier n'a donc agi que suivant mes instructions.

Informé que de fortes valeurs perçues pour droits de douane se trouvaient en dépôt au bureau du Cap, j'ai expédié l'aviso *Le Croyant* en cette ville avec la mission expresse de recevoir ces fonds destinés à être versés à la Direction générale.

En faisant ainsi, cela épargnera assurément de payer des frais de commission à la maison Lyon & C°, qui est une maison ennemie, et nous rassurera au sujet de l'encaissement de nos recettes, lesquelles ont été confiées jusqu'ici à des maisons étrangères ayant quelque apparence de solidité et qui sont pourtant susceptibles, au lendemain d'un dépôt plus ou moins important, de suspendre leurs paiements.

Je désavoue entièrement ce procédé et m'en tiens aux instructions verbales que je vous ai données touchant la nécessité de garder en certaines localités des fonds pouvant suffire aux dépenses du gouvernement.

J'estime qu'avant d'obéir aux instructions du directeur de la recette générale et aux vôtres, le percepteur, M. Coidavid-Toussaint, doit se soumettre irrémissiblement à celles que ma sagesse, mon expérience et l'amour du bien public me commandent de lui dicter sans aucun intérêt ni complaisance.

Je ne suis nullement d'avis de voir la mar

che du service compromise par des subalternes, mais j'entends, à moins de supposer qu'il existe des complicités qui paralysent systématiquement l'administration publique, que mes ordres soient exécutés pour le bien du pays que je commande.

D'ailleurs, mon plus grand souci est de voir les choses s'améliorer par l'évolution que mes collaborateurs de bonne foi se chargeront de donner à leurs concitoyens dignes de concourir avec moi à la réalisation du relèvement national.

Recevez, Monsieur le Secrétaire d'Etat, l'assurance de ma considération distinguée.

NORD ALEXIS.

Cette dernière dépêche du Président pourrait être l'objet de quelques réflexions… On sait d'abord que j'évitais le plus possible de laisser de fortes valeurs en province aux mains des payeurs pour deux motifs : l'un de sécurité politique, parce qu'en cas de prise d'armes elles serviraient aux révolutionnaires, l'autre pour ne pas trop mettre à l'épreuve la vertu des percepteurs. Je ne sais pourquoi le Président, ou ceux qui l'inspiraient dans la circonstance, voulaient absolument me forcer à sortir de cette ligne de conduite.

Une autre réflexion que l'on fera certainement en lisant cette dépêche, c'est qu'elle était la manifestation, dans sa forme la moins cachée, de la grande défiance du Président contre l'*étranger* et de sa tendance à considérer, à l'occasion, ses propres collaborateurs comme des complices possibles. Mais dans ce cas-ci, peut-être abusait-on simplement de sa tendance soupçonneuse...

Cependant, pour avoir l'assurance que l'ordre et la régularité régnaient dans tous les bureaux de perception, j'adressai la circulaire suivante à tous les administrateurs de la République :

Port-au-Prince, le 25 janvier 1906.

Monsieur l'Administrateur,

Je vous invite à faire procéder sans aucun retard par la Commission locale à la vérification de la comptabilité du bureau de perception de votre arrondissement et à m'adresser le plus tôt possible un rapport dans la circonstance.

Ce rapport indiquera les sommes effectivement perçues tant en or qu'en billets de caisse, celles versées d'ordre du Directeur général de la Recette et de la Dépense et les valeurs en dépôt au moment de cette vérification. Mention y sera également faite des mandats non encore réglés.

En même temps, vous ferez vérifier la caisse du Payeur de votre arrondissement et m'enverrez, ce travail achevé, le procès-verbal qui aura été dressé à ce sujet.

Veuillez agréer, Monsieur l'Administrateur, les assurances de ma considération distinguée.

F. MARCELIN.

III

Dans les premiers jours de février, on éprouva au Palais une forte alerte et j'eus besoin de tout mon sang-froid pour rassurer les esprits. Du reste, je dois le déclarer, le général Nord Alexis resta absolument calme. Il soutint sans hésitation que le bon droit était de notre côté et que je ne l'avais pas outrepassé. Cet appui était véritablement précieux pour moi et il me permit de surmonter sans appréhension l'émoi que ce câblogramme de notre ministre plénipotentiaire à Washington avait jeté dans l'entourage :

« 1er février 1906.

« Grandes puissances de l'Europe demandent le concours des Etats-Unis au sujet dette intérieure. Entendez-vous avec porteurs aussitôt que possible.

« Léger. »

Immédiatement, le Président fit porter cette dépêche à la connaissance de notre ministre à Paris, qui heureusement répondit :

« 2 février 1906.

« Nul indice apparent intervention puissances.

« DALBÉMAR. »

Je dois dire que depuis le vote de la loi sur la réduction des intérêts de la Dette intérieure, le général Nord Alexis subissait à ce sujet continuellement des assauts. On n'appuyait pas trop sur l'intervention des puissances étrangères parce qu'on avait peur, connaissant son caractère, que ce ne fût pour lui une raison de soutenir davantage le ministre. Mais on répétait que la mesure était injuste, illégale ; que les porteurs, encouragés par la Banque, allaient s'adresser à la justice haïtienne. Le vice radical de la loi, selon eux, était sa rétroactivité, et, partant, son inconstitutionnalité. Dès le mois de septembre de l'année écoulée, j'avais remis la note suivante, comme mémento, au Président en réfutation de ces deux chefs d'accusation qui paraissaient parfois quelque peu l'inquiéter :

Rétroactivité.

Tout le monde est d'accord pour dire que les *droits acquis* doivent être respectés ; mais personne n'a pu définir le droit acquis d'une manière satisfaisante. Quand cette difficulté se présente, le législateur dit : *Sic volo, sic jubeo*. Ainsi a-t-il fait pour la taxe de 10 0/0 sur les revenus des titres. Que n'a-t-on pas dit à cette époque de l'inconstitutionnalité de la loi ? Le législateur, de ses lèvres de pierre, a répondu : *Sic volo*. Et il avait raison, car il parlait au nom du droit sacré des peuples de violenter les intérêts privés pour ramener le règne de l'ordre, de la justice, de l'égalité.

Le délit d'usure existe-t-il dans notre Code ? Non, dans des termes formels. Mais il existe dans la conscience des peuples.

Une loi ne peut être que *constitutionnelle* qui redresse des contrats basés sur l'usure.

En vain dira-t-on qu'on peut abaisser les intérêts, mais qu'on doit laisser la garantie aux prêteurs ? Pourquoi ? On leur a donné

1.33 parce qu'il fallait cette somme pour payer 12 0/0 d'intérêt (et par le fait 24 0/0). Aujourd'hui que les intérêts ont été ramenés à 50 0/0, pourquoi leur laisser 1.33 ? L'Etat, lui aussi, a besoin de vivre comme eux.

Les lois se distinguent en lois qui règlent le droit public et en lois qui règlent le droit privé. On doit compter parmi les lois de droit public celles qui sont relatives à l'administration, au culte, aux finances et autres objets semblables.

Dans toutes ces lois, c'est l'Etat qui constitue lui-même la règle de ses propres affaires. Le législateur peut agir sous ce rapport avec une grande liberté.

Inconstitutionnalité.

Une loi, pour être valable, doit avoir reçu l'assentiment de tous les organes du pouvoir législatif. Il en résulte que les tribunaux doivent refuser d'appliquer une loi inconstitutionnelle, en vertu de l'article 147 de la Constitution, c'est-à-dire une loi qui serait faite en violation du mode établi par la Constitution pour qu'une loi soit parfaite, au regard de sa conformation intrinsèque. Si, par exemple, une loi avait été promulguée par le Pouvoir exécutif, après avoir été votée par la Chambre seulement, quand la Constitution dit Chambre et Sénat, la loi serait inconstitutionnelle et les tribunaux devraient refuser de l'appliquer.

Mais les tribunaux n'ont pas le droit de juger si une loi est juste, est équitable ou non. Une loi jugée inique peut être absolument constitutionnelle. Et ce n'est pas d'un tel pouvoir que la Constitution a entendu armer le juge. Elle n'a voulu parler que des conditions intrinsèques de la formation des lois, de la régularité de leur acte de naissance. Si toutes les formes ont été observées, la loi est régulière. Elle est constitutionnelle. Du reste, quand tous les organes du Pouvoir législatif sont d'accord pour le vote d'une loi, il suffit : *elle doit être constitutionnelle.*

L'autorité du législateur doit nécessairement primer toutes les autres. Ce serait le renversement de l'ordre naturel des choses si le tribunal pouvait contrôler les actes du législateur et mettre sa propre autorité au-dessus de celle d'une loi, ne serait-ce même que dans un cas spécial, *dans une espèce.*

Quelque temps après, heureusement, l'étude d'un savant allemand, le professeur H. Rehn, sur la protection des créanciers de l'Etat, parut dans le *Die Woche*. Elle confirmait en tous points mon argumentation. Je ne manquai pas de la lire au Président et de lui faire donner la plus grande publicité dans la presse haïtienne.

Cette étude contribua décisivement, je le crois, à fortifier le général Nord dans la conviction que le Gouvernement n'avait pas outrepassé ses droits en réduisant les intérêts de la dette intérieure. Sa conviction ne fut donc pas ébranlée par la dépêche de notre ministre à Washington. Mais on comprend que de mon côté, quelle que fût mon assurance, elle ne manqua pas, au premier moment, de me causer une certaine émotion. Que n'aurait-on pas dit si l'événement annoncé était arrivé ? Quelle responsabilité n'aurait-on pas fait peser sur moi ? Les Chambres, le Gouvernement, le public, tout le monde se serait alors ligué pour m'accabler.

J'ai toujours eu la bonne fortune, en dépit des pronostics les plus défavorables, aussi bien sous Hyppolite que sous Nord Alexis, de voir les mesures extrêmes, commandées par les circonstances, que j'ai pu prendre, ne jamais amener les catastrophes que l'on prophétisait. Je n'en suis pas autrement étonné, convaincu que je ne faisais que ce que l'on a toujours fait ailleurs dans les situations financières semblables...

Au commencement de février, je reçus cette dépêche :

Port-au-Prince, le 5 février 1906.

Monsieur le Secrétaire d'Etat,

J'ai dû remarquer que la dernière loi sur les douanes ne donne pas dans l'application tous les résultats que nous en attendions.

Parmi nos établissements consulaires à l'étranger que cette loi vise, celui où ses défectuosités se font le plus sentir est notre consulat général à New-York dont cependant l'importance est considérable.

L'inconvénient dont souffre ce consulat est dû, vous devez vous le rappeler, Monsieur le Secrétaire d'Etat, à l'équivoque qu'a créé la loi au sujet des frais consulaires.

Or, les services qu'a rendus M. Geffrard Cesvet, ceux qu'il continuera à rendre, grâce à son dévouement à la chose publique et grâce à sa grande expérience de la place de New-York, m'ont décidé à lui faire allouer une valeur d'au moins 400 à 450 dollars par mois.

Ainsi sera garanti le fonctionnement régulier et fructueux de l'important office que dirige M. Cesvet. A partir donc de cette date, vous appliquerez cette mesure qu'à sa plus prochaine réunion le Conseil des Secrétaires d'Etat consacrera. Vous n'omettrez pas, en outre, à l'ouverture des Chambres, de demander dans les formes ordinaires un crédit correspondant à cette petite dépense qui devra sauvegarder de si grands intérêts. J'écris à votre collègue des relations extérieures pour l'aviser de cette mesure.

Accusez-moi réception de la présente et recevez, Monsieur le Secrétaire d'Etat, l'assurance de ma haute considération.

Nord Alexis.

Le Président m'avait plusieurs fois exprimé, tant en Conseil des secrétaires d'Etat que personnellement, son intention de faire donner cette nouvelle allocation au consulat de New-York. Je lui avais objecté que, s'il persistait dans son idée, ce seul consulat coûterait annuellement à la caisse publique désormais :

	Dollars
Relations extérieures 1,300+400..	1.700
Commerce : frais de visa, environ.	2.700
Finances	3.000
Relations extérieures (nouvelle allocation)	4.800
	12.200

Je trouvais ce chiffre de 12,000 dollars plus qu'excessif. Et chaque fois qu'il revenait à la charge, je lui faisais remarquer que la caisse publique, à la fin, ne pourrait plus suffire à de telles dépenses. Par le fait, c'était élever le consulat général de New-York à la hauteur de nos légations. J'avais engagé avec le Président au département du commerce une longue correspondance à ce sujet. Il y mit fin par le véritable ukase que l'on vient de lire. Je ne pus que lui répondre que, puisque mes avis antérieurs n'étaient pas écoutés, il n'avait qu'à donner l'ordre au département des relations extérieures, de qui l'inscription relevait, de porter la valeur à son budget.

Continuant de tenir au courant le chef de l'Etat de notre situation financière, je lui écrivis :

Port-au-Prince, le 9 février 1906.

Monsieur le Président,

Dans le deuxième des trois rapports que je vous ai adressés au mois de janvier expiré sur l'exercice 1904-1905, et sur le premier trimestre de celui en cours, j'établissais la situation des deux exercices au regard l'un de l'autre.

Par les états Q et R, il était prouvé que l'exercice 1904-05 restait débiteur de 5/6^{cs} comme suit :

Or.............................. 39.184 30
Billets........................ 210.224 81

D'un autre côté, 1904-1905 avait fait à 1905-1906 quelques avances. C'était forcé et nécessaire, bien des services pour le mois d'octobre s'acquittant dès les premiers jours d'octobre, ou même dans le courant de septembre, tels que ration extraordinaire, frais de police, dépenses extraordinaires du département de l'intérieur, représentation du Gouvernement, etc., etc. Dans les premiers jours d'octobre, la nouvelle Trésorerie non seulement fonctionnait à peine, mais elle était au début de ses encaissements. Où pourrait-on prendre l'argent pour faire face à ce service exigible par anticipation ? Au commissariat, quitte à établir ultérieurement un compte de compensation entre les deux exercices.

C'est ce qui a été fait.

L'état S du rapport du 20 janvier expiré établit que l'exercice 1904-1905 a payé en octobre, pour 1905-1906, billets.....$ 127.928 56
auxquels il faut ajouter l'état supplémentaire S *bis*................ 15.333 33

143.261 89

Et en or......................... 4.000 »
Etat supplémentaire S *bis*..... 1.666 66

Or 5.666 66

La différence entre ces chiffres donne :
Faveur de l'exercice 1905-1906, billets 66.962 92
Faveur de l'exercice 1905-1906, or 33.517 64

Cependant, depuis la date de ce rapport jusqu'au 8 février courant, selon les instructions de Votre Excellence, quelques avances ont été faites à l'exercice 1904-1905 par l'exercice courant. Ainsi il a été payé jusqu'au 8 février :

Billets......................$ 11.725 66
Or............................. 5.906 24

Et il a été encaissé :
Billets......................$ 841 31
Or............................. 1.636 13

(Versement Roux et Délinois).

Ce qui donne à ce jour, après balance, un chiffre total de :

Avances à l'exercice 1904-1905 :
Billets......................$ 77.847 27
Or 37.787 75

C'est donc, en définitive, l'exercice 1905-1906 qui a aidé l'exercice expiré, puisqu'il lui doit, à cette date, les deux sommes que je viens de dire.

Mais si, allant plus loin, on soutient que je devais ordonnancer au compte de l'exercice 1904-1905 toutes les valeurs encaissées de la Consolidation, je répondrai que rien ne m'en faisait l'obligation, la loi votée par le Corps législatif disant que ces valeurs « seront affectées au service public ». J'ai agi cependant avec méthode et au mieux des intérêts de l'Etat, en ordonnançant les valeurs successivement selon l'époque et l'exercice où je les touchais.

C'est ainsi qu'il a été versé à M. Lafontant, commissaire du Gouvernement, chargé du service de la Trésorerie, une somme totale de 196,697.85 dollars du procès de la Consolidation, sans compter les 18,696.03 dollars provenant de la saisie Sylla-Laraque.

L'état T de ce même rapport du 20 janvier démontre, de son côté, qu'il n'a été versé par la Consolidation au nouvel exercice que 74,927 dollars 25 c.

Si, comme il est logique, on déduit les 39,787.75 dollars avancés à l'exercice 1904-1905 de ce chiffre, et si on y ajoute, en les convertissant, le chiffre de l'avance billets, on verra qu'en résumé le présent exercice n'a bénéficié que d'une somme minime de la Consolidation. Le tout presque a été consommé par l'exercice écoulé.

Je n'ai donc aucunement mérité le reproche de ceux qui ont affirmé à Votre Excellence que j'ai sacrifié l'exercice 1904-1905 à l'exercice 1905-1906.

Du reste, pourquoi l'aurais-je fait, puisque cet exercice fait partie de ma gestion ?

J'affirme qu'en agissant comme j'ai fait, je

n'ai eu en vue que le bien public et celui de votre Gouvernement. De plus, j'avais la loi de mon côté.

Je prie Votre Excellence d'agréer l'hommage de tout mon dévouement.

F. Marcelin.

Sous la rubrique : *Frais de police et Dépenses extraordinaires,* les sorties de fonds ne discontinuant pas, je fus obligé de faire quelques observations au Président, qui me répondit de ne plus lui en adresser, ce que je continuai cependant à faire... Voici les deux dépêches :

Port-au-Prince, lê 14 février 1906.

Monsieur le Président,

Conformément aux instructions de Votre Excellence, je m'empresse de porter à sa connaissance que je viens d'ordonner le paiement de :

1° Un reçu du Payeur de l'intérieur pour dépenses extraordinaires de police, $ 15.000 ;

2° Un reçu du même pour dépenses extraordinaires de police, dollars-or américain, $ 3,000.

Ces valeurs sont à régulariser sur un crédit à demander aux Chambres ultérieurement. Le Conseil, il est vrai, avait voté un crédit extraordinaire aux départements de la guerre et de l'intérieur, dans sa séance du 30 novembre 1905, à un moment où, selon l'exposé même du Ministre de l'intérieur, il y avait de graves appréhensions sur la sécurité de nos frontières. Cependant, mon dévouement à Votre Excellence et à la bonne marche de nos finances me fait le devoir impérieux de vous faire remarquer que nos recettes sont très faibles en ce moment et qu'elles vont baisser de plus en plus. L'Etat va se trouver très gêné et il est plus qu'urgent que nos dépenses soient strictement mesurées à nos besoins les plus immédiats.

Me reposant sur la haute sagesse de Votre Excellence, je la prie de croire à tout mon respect et à tout mon dévouement.

F. MARCELIN.

Port-au-Prince, le 22 février 1906.

Au Secrétaire d'Etat des finances.

Monsieur le Secrétaire d'Etat,

Je vous accuse réception de votre dépêche du 1er du courant, n° 92, par laquelle vous m'informez avoir ordonné le paiement :

1° D'un reçu du Payeur de l'intérieur pour dépenses extraordinaires de police montant à $ 15,000 ;

2° D'un reçu du Payeur de l'intérieur pour dépenses extraordinaires de police montant à $ 3,000 or américain.

Je note que ces valeurs sont à régulariser sur un crédit à demander aux Chambres législatives. A ce propos, vous retenez mon attention sur le crédit extraordinaire voté par le Conseil dans sa séance du 30 novembre 1905 et vous me dites que « votre dévouement à ma personne et à la bonne marche de nos finances vous fait le devoir impérieux de me faire remarquer que nos recettes sont très faibles en ce moment, qu'elles vont baisser de plus en plus, que l'Etat va se trouver très gêné et qu'il est plus qu'urgent que nos dépenses soient strictement mesurées à nos besoins les plus immédiats ».

En vous exprimant ainsi, vous semblez vouloir insinuer que la décision du Conseil du 30 novembre dernier est devenue inopportune, les graves appréhensions qui l'avaient déterminée ayant, selon vous, cessé d'exister.

Si, jusqu'à ce jour, le Gouvernement n'a pas eu à disposer des fonds du crédit ouvert aux départements de la guerre et de l'intérieur pour le maintien de l'ordre sur nos frontières, c'est, vous ne l'ignorez pas, parce que j'ai constamment employé à cette fin la majeure partie des frais de police qui me sont mensuellement servis et que, surtout, je me suis toujours attaché, par une bonne direction de notre police, à restreindre le plus possible nos dépenses.

Je ne doute aucunement de votre dévouement à ma personne et de votre souci des devoirs qui vous incombent, mais j'estime, et je ne crois pas me tromper, que la tranquillité publique ne peut qu'assurer la bonne marche de nos finances et que de la stabilité du Gouvernement dépend le plus ou moins de prospérité pour l'Etat. Au surplus, vous me concéderez, Monsieur le Secrétaire d'Etat, que, recevant chaque jour les rapports des commandants militaires sur la situation de leurs circonscriptions respectives, je suis mieux que personne renseigné sur tout ce qui intéresse la sécurité publique et qu'à ce point de vue j'ai le droit de me croire meilleur juge que vous.

J'espère donc qu'il me suffira de vous informer que les circonstances qui ont motivé la décision du Conseil au sujet du crédit ouvert à vos collègues de la guerre et de l'intérieur n'ont rien perdu de leur actualité pour que vous m'épargniez de revenir, une nouvelle fois, sur cette question.

C'est dans cet espoir que je vous salue, Monsieur le Secrétaire d'Etat, avec une considération distinguée.

Nord Alexis.

La Banque Nationale d'Haïti avait refusé de se charger de l'application du visa pour timbre prévu dans l'arrêté du Président de la République, publié dans le numéro du *Journal Officiel* du 24 janvier. Elle avait déclaré que le service de la trésorerie lui ayant été retiré « sans aucune raison », elle ne pouvait se charger d'un nouveau service sans en référer à son siège social. Le 1er mars elle m'écrivit :

Port-au-Prince, le 1er mars 1906.

Monsieur le Secrétaire d'Etat,

Me référant à la lettre que j'ai eu l'honneur de vous adresser en date du 31 janvier, je m'empresse de vous informer que mon Conseil d'administration m'autorise à faire le nécessaire pour assurer le service de l'application du visa pour timbre dont il était question dans cette lettre.

Par conséquent, je me tiens à la disposition de votre département pour déterminer d'un commun accord les conditions de l'établissement de ce service.

Veuillez agréer, Monsieur le Secrétaire d'Etat, les assurances de ma très haute considération.

CH. VAN WIJCK.

Je lui répondis naturellement :

Port-au-Prince, le 2 mars 1906.

Monsieur le Directeur,

Le service du visa pour timbre vous a été confié et vous n'avez pas cru devoir le faire, vous réservant d'obtenir, au préalable, l'autorisation de votre Conseil d'administration.

Le Gouvernement ne pouvait subordonner l'exécution d'une loi à une décision de la Banque. Il a donc chargé le directeur général de la recette et de la dépense de ce service de visa. Il ne revient pas sur cette décision.

Veuillez, Monsieur le Directeur, agréer les assurances de ma considération distinguée.

F. Marcelin.

Cependant la Banque d'Haïti avait commencé des démarches à l'amiable pour tenter, s'il était possible, de se faire remettre le service de la trésorerie. Le général Nord Alexis n'était pas d'avis d'écouter ces propositions. Il disait que c'était perdre son temps. Du reste, ajoutait-il, le pays se trouve bien d'avoir repris son service de trésorerie, et il n'y a plus à revenir là-dessus. Toutefois, je décidai le Président à recevoir le 21 mars, dans la matinée, M. van Wyck qu'accompagna, à titre officieux, le ministre de France. Tous les secrétaires d'État étaient présents. Le directeur de la Banque dit que le siège social, entre autres concessions consentirait à porter le prêt statutaire à cinq cent mille dollars en comprenant le règlement de l'ancien prêt de trois cent mille gourdes pour cent cinquante mille dollars. On discuta ; chacun émit ses idées. Je m'évertuai à garder une attitude expectante, nullement intransigeante pour ne pas peser sur les opinions, connaissant, au surplus, celle du général Nord.

— Trop tard, prononça à la fin le Président. Je ne remettrai jamais le service de la Trésorerie à la Banque.

M. van Wijck se tut, et sans doute emporta-t-il de cette entrevue la conviction qu'il n'y avait plus rien à faire...

Le 10 mai arriva la démission de M. Ferrère, secrétaire d'État des Relations Extérieures. Je tiens à rendre ici un hommage mérité à ce concitoyen. Il était parfaitement à sa place. Il n'avait pas les qualités brillantes et prime-sautières qui séduisent dans l'homme public et lui ménagent souvent des succès faciles. Il était plutôt froid et concentré. Cependant, précisément ce tempérament lui acquit une haute autorité dans son poste, et lui permit d'imposer le respect et la plus grande considération au corps diplomatique de Port-au-Prince, ce qui ne fut pas toujours après lui. Ses dons personnels étaient incontestables. Dans une situation, souvent difficile, ils trouvèrent un légitime développement pour le plus grand bien du pays et du Gouvernement.

Voici la note, à propos de cet incident, que je trouve dans mes papiers :

Jeudi, 10 mai 1906.

« Conseil des secrétaires d'État. — Séance ouverte à midi et quart.

« Le Président revient sur l'affaire de l'arbitrage Leroy. La voici en deux mots : en 1901, M. Leroy, citoyen français, s'amusa vers les neuf heures du soir, en passant devant le bureau de la Place, à projeter la lumière d'un fanal électrique sur les soldats. L'officier trouvant la plaisanterie mauvaise, fit déposer l'individu en prison, d'où réclamation diplomatique. Le ministre des affaires étrangères, à la fin, déféra l'affaire à l'arbitrage ; arbitres désignés : Barthe et Liautaud. Et résultat : condamnation du gouvernement à 6,000 dollars. Le Président trouva que c'était une indignité. Mais il en rendit responsable le ministre des affaires extérieures d'avoir choisi, pour l'État, un mauvais arbitre. Souvent il revenait sur cette décision du tribunal arbitral, et on avait toutes les peines du monde à l'empêcher d'emprisonner l'arbitre haïtien. Et s'il était obligé de payer, il ne manquerait pas, disait-il, d'expulser Leroy.

Cette fois-ci dans ce conseil, il accentue particulièrement en termes très vifs, son mécontentement de la solution.

Puis, un instant après, il revient aussi sur une lettre de la Commission de liquidation, à propos de l'affaire F. Herman et Cie (majoration, procès de la consolidation).

Il déclare que le ministre n'avait pas besoin d'envoyer cette lettre en communication à la Légation allemande pour s'attirer cette réponse : « Je n'ai que faire de l'opinion de votre commission », qu'il n'avait qu'à se servir des arguments de la commission pour combattre le ministre allemand, mais non envoyer purement et simplement la lettre ; qu'en agissant ainsi il avait l'air de désapprouver la commission, de dire à la légation : « Je m'en lave les mains. Je ne puis vous transcrire que ce que la commission m'écrit. »

Bref, le Président conclut que dans ces affaires le ministre avait trahi la confiance du Gouvernement et celle du pays. — Donnez-moi votre démission, dit-il, vous ne pouvez plus rester au Conseil.

Stupéfaction de tout le monde. On se regarde étonné. Ferrère éprouve un grand saisissement. Il proteste, en appelle au Président mieux informé.

— Comment, dit-il, c'est à moi, général

Nord, que vous faites cela ? A moi qui vous ai servi avec tant de dévouement, à moi qui ai tant la passion de mon service, à moi dont le ministère des relations extérieures est la vie même, à moi...

Rien n'y fit.

— Donnez-moi votre démission, répéte Son Excellence en l'interrompant. Vous ne pouvez plus rester au Conseil.

Ferrère, voyant que rien ne pouvait ébranler le Président, ni protestations de dévouement, ni rappels de ses services passés, se leva, salua ses collègues et se retira. »

On comprend le malaise que cette scène pénible laissa après elle. Mais le Président, comme si de rien n'était, continua la séance et ne la leva qu'à l'heure habituelle...

L'infortuné Ferrère avait raison de dire que le ministère des relations extérieures était sa vie même, car après sa démission il essaya de voyager, mais revint tristement, quelques mois après, mourir de chagrin dans le pays... J'avais vu, bien des années auparavant, un de nos plus remarquables concitoyens, un savant, J.-B. Dehoux, mourir de même sous le coup d'une apostrophe retentissante que lui avait lancée un de nos chefs d'État... Quel est dans notre histoire, jusqu'à présent, le général, chef d'armée et président de République, qui, en possession du Palais National de Port-au-Prince, ait su dompter son instinct, sa nature de soldat à qui tout est permis, de qui on peut tout attendre ?

A cette séance du 10 mai, nous avions tous l'impression que les reproches adressés à Ferrère pouvaient n'être qu'un prétexte et cachaient probablement, au fond, d'autres motifs... Il eût été préférable de la part du général Nord, et dans le rôle traditionnel de nos chefs militaires, de lui dire : « Je ne veux plus de vous. »

Je viens de lire la belle lettre écrite par Guillaume II, le 14 juillet 1909, à son chancelier démissionnaire, le prince de

Bulow. Ne peut-on regretter que la pratique gouvernementale de notre République ne permet même pas d'entrevoir l'époque où nos Présidents comprendront qu'ils s'honorent eux-mêmes en honorant leurs collaborateurs retraités ?

IV

Des débats assez vifs avaient eu lieu à la Chambre des représentants à propos d'une frappe de nickel que le Gouvernement avait été obligé de faire figurer dans le budget pour pouvoir l'équilibrer : le comité des Finances de 600,000 gourdes avait porté la frappe à un million. Il y eut, à cet effet, des discussions violentes, du tapage, des apostrophes véhémentes échangées entre collègues. La Chambre parut rejeter l'addition du comité des finances. Mais le vote fut contesté. Et au milieu des vociférations et des interpellations des uns et des autres, la séance fut levée, je crois, à l'extraordinaire.

Le lendemain je reçus du Président la dépêche suivante :

Port-au-Prince, le 18 juillet 1906.

Nord Alexis, Président de la République, au Secrétaire d'Etat des finances.

Monsieur le Secrétaire d'Etat,

Je vous remets ci-joint copie d'une pièce signée de plusieurs députés, et de laquelle pièce il résulte que les conclusions du rapport du Comité des finances sur la frappe de nickel ont acquis l'adhésion de la majorité à la Chambre des représentants, par quarante-trois voix de députés contre vingt assistant aussi à la séance et ayant refusé d'opiner dans le sens de leurs collègues.

J'ai à faire face aux charges de la République, et, pour cela, il me faut tenir compte des dispositions des représentants du peuple.

Obligé de donner satisfaction à ces députés eux-mêmes, qui se sont octroyé le traitement mensuel de 600 gourdes, positivement contraint de payer leur salaire aux fonctionnaires et employés publics et de servir aux soldats leur solde et leur ration, il faut au Gouvernement des ressources en accord avec ses besoins, autant, naturellement, que le pays peut fournir ces ressources.

Les constatations que vous avez faites de l'infime rendement actuel de nos douanes sont la cause qui a déterminé le Gouvernement à combler le déficit du nouveau budget par l'émission de 600,000 nickel, tout en nous conformant rigoureusement aux convenances économiques.

Suivant ces convenances, il a été justement reconnu qu'il serait irrationnel de notre part de vouloir payer des frais élevés d'émission des pièces de 1 et de 2 centimes. Et le Comité des finances a agi plus conformément aux intérêts de l'Etat en autorisant l'émission de pièces de 5 centimes, ce qui nous vaudra une économie de 50 0/0 près. Le Comité des finances a donc porté sur la somme d'émission demandée un surplus de 400,000 gourdes, ce qui donne pour le projet modifié une valeur totale de 1 million de gourdes en nickel à frapper en pièces de 5 centimes, dont les matrices, déjà en notre possession, ne nécessiteront pas de frais de gravure.

Le Comité des finances a sagement agi en faisant sa modification et les quarante-trois députés signataires de la pièce ci-jointe ont sagement fait de se prononcer en faveur des conclusions du Comité, avec la souveraine autorité que comporte l'opinion de la majorité d'une assemblée.

Et vous reconnaîtrez comme moi la sagesse de ces messieurs, si vous considérez, qu'à part les avantages qu'offre le projet d'émission modifié, le Gouvernement, à court de ressources, est encore en butte à la haine et à la mauvaise foi de quelques négociants exaspérés de me voir résolu à ne plus contracter d'emprunts sur place, *gourdes contre or* et *aux intérêts usuraires* de 12 0/0. Cette haine et cette mauvaise foi ont produit une rareté excessive de la monnaie-nickel dont nos ennemis avérés, les négociants, font stagner une encaisse formidable dans leurs coffres-forts.

En présence des difficultés surgies à la dernière séance de la Chambre, j'ai besoin de savoir nettement de vous l'opinion exacte de l'assemblée à laquelle il nous faut nous conformer.

Vous voudrez bien répondre au plus tôt à la présente, Monsieur le Secrétaire d'Etat, et recevoir les assurances de ma haute considération.

Nord Alexis.

Cette dépêche du Président de la République pouvait amener un conflit que j'avais le plus grand intérêt à éviter, car on ne manquerait pas de me l'attribuer, les uns avec bonne foi jugeant tout le monde d'après leur propre bêtise ; les autres, beaucoup plus dangereux, persuadés du contraire, mais s'y attachant avec obstination par méchanceté et malignité.

Le chef de l'Etat me demandait de répondre au plus tôt à sa dépêche. Je m'abstins énergiquement de le faire, n'ayant pas à m'immiscer dans les affaires intérieures de l'Assemblée. Cependant, je ne manquai pas de faire remarquer aux députés leur imprudence d'en appeler ainsi au Président de la République. Cet acte de leur part était au-dessous du bon sens et de leurs intérêts les plus immédiats. S'ils voulaient servir le Gouvernement, n'avaient-ils pas entre leurs mains d'autres moyens légaux que leur offraient leurs propres règlements ? Ils le comprirent sans doute, et le conflit fut évité. Mais cette dépêche du Président fait ressortir, mieux que la plus longue dissertation, l'idée que nos chefs d'Etat ont de leurs devoirs et de l'indépendance des pouvoirs publics vis-à-vis les uns des autres.

Le 10 août, la Chambre des Députés vota le rapport suivant de son comité des Finances :

Mes chers collègues,

La dépréciation de nos produits et denrées à l'étranger, les emprunts extérieurs et locaux à de forts taux pour répondre au service public, la déprédation dans nos finances, la consolidation de nos dettes flottantes jointe à celle des dettes non existantes, l'engagement de la presque totalité de nos droits de douane tant à l'importation qu'à l'exportation mirent une telle désagrégation dans notre administration qu'il fallut, après les événements de 1902, de réels efforts joints à la plus ferme volonté pour sauver le pays du marasme dans lequel il se débattait.

De graves et puissantes dispositions s'imposaient alors.

Comme, souvent, au malade, on administre du poison pour apaiser son mal et arriver à l'en guérir, une mesure financière relativement mauvaise peut être prise pour étouffer une crise, à condition de la radier plus tard pour atteindre le meilleur résultat désiré. Le Gouvernement dut avoir recours à l'émission du papier-monnaie entraînée par une suite malheureuse de circonstances ; émission d'autant plus urgente qu'il fallut porter remède aux souffrances du peuple, qu'il fallut répondre au service public, que les fonctionnaires qui pâtissaient dans la misère ne trouvant un soulagement passager que dans le sacrifice à un taux onéreux de leurs appointements fussent payés de nombreux mois dus.

Mais ces résultats une fois atteints, la loi du 13 août sur le retrait du papier-monnaie fit son apparition et l'on vit le taux de l'or, qui, auparavant, était à un chiffre élevé, descendre graduellement et proportionnellement à l'exécution de cette loi.

Cependant, quelle que soit la ferme résolution qu'on puisse porter à l'exécution de cette loi, on n'arrivera jamais à arrêter le cours vagabond du change qui, au gré de certains agioteurs et spéculateurs incorrigibles, monte ou descend rarement, suivant leurs méchants intérêts.

Il importe donc, par des dispositions sages et réfléchies, d'activer le retrait du papier-monnaie en mettant de la stabilité dans les affaires.

Voilà le but du projet des droits à l'importation en or qui a été soumis à l'examen du Comité des finances.

Les bienfaits d'un pareil projet ne sont pas à douter, rien qu'à commencer à voir par les aperçus.

Aujourd'hui, on cherche vainement la cause de la baisse rapide du change dans l'approche prochaine de la récolte. On est allé même à trouver à cette baisse des causes qui ne sont que les produits d'une imagination inventive. Mais les esprits clairvoyants ne tardent pas à constater que, dès que ce projet a été admis en Conseil des secrétaires d'Etat, et avant même qu'il fût adressé à la Chambre, le change, qui était à 480 0/0, est tombé à 420 0/0, continuant toujours à baisser malgré les circonstances qui avant produisaient un effet contraire.

Là ne s'arrête pas l'examen minutieux de votre Comité.

Vos commissaires ont voulu, par des tableaux comparatifs des droits à payer suivant la loi en vigueur et ceux à payer suivant le nouveau projet, établir les avantages qui peuvent résulter avec l'adoption de ce dernier. Pour ceci, ils ont pris au hasard deux articles de première nécessité et d'écoulement journalier :

Tableau I

100 pièces Denims tête bœuf, 2,500 yards à 10 cents.................... or P.		250 »
Fret et frais 10 0/0.....................		25 »
Droits............ or P.		275 »
2,500 yards ou 2,000 aunes à 2 1/2 cents.................G.	50 »	
50 0/0.............................	25 »	
33 1/3 0/0......................	16 66	
Gourdes	91 66	
25 0/0 surtaxe or...................or P.		22 92
Prime de 450 0/0 (même)..........or P.		297 92
— — ....G.		1.340 64
Droits en gourdes......................		91 66
Gourdes		1.730 22
100 pièces Denims tête bœuf........or P.		275 »
Droits prime 350 0/0....................		962 50
2,000 aunes à 2 1/2 cents......G.	50 »	
50 0/0........................	25 »	
33 1/3.........................	16 66	
Gourdes	91 66	
Prime 300 0/0.................	274 98	
		366 64
G.		1.604 14
Différence des deux droits : 1,730 22 moins 1,604 14...................=		126 08

8

TABLEAU II

1 baril de farine avec fret et frais....or P.		5 50
Droit fixe...............G.	1 50	
50 0/0.................	0 75	
33 1/3 0/0..............	0 50	
G.	2 75	
Surtaxe 25 0/0................		0 70
or P.		6 20
Au change de 450 0/0............		27 90
Droits		2 75
G.		36 85
1 baril de farine............or P.		5 50
Prime 350 0/0 (remise)...........		19 25
Droits ....or P.	2 75	
Au change de 300 0/0..........	8 25	
G.	11 »	
		11 »
P.		35 75

36.85—35.75 = 1.10 de différence en faveur du projet.

Par cette comparaison des prix de revient des marchandises sous la loi actuelle et le nouveau projet, on constate que, par le fait de la baisse du change, ce prix de revient est moindre avec ce dernier.

Vos commissaires supposent, naturellement, que certaines marchandises peuvent hausser de prix de vente, car le commerçant ayant remisé au taux de 500 0/0 peut vouloir se rattraper de la baisse du change qui s'effectuera ; mais cette hausse ne pourra pas longtemps se maintenir avec la concurrence commerciale, qui sera assez forte, des négociants remisant au-dessous de 500 0/0 jusqu'à 300 0/0.

D'aucuns peuvent penser qu'avec le projet des droits en or, l'importation diminuera et, avec, les recettes de l'Etat. Mais, comme il vient d'être démontré, les prix de revient diminuant, les prix de vente baisseront, ce qui permettra une plus grande consommation, par conséquent, une plus forte importation.

C'est en considération de ces avantages indéniables du projet que le Comité des finances le présente à la sanction de la Chambre. Il pense, qu'en l'adoptant, la Chambre mettra un frein à l'agiotage, enrayera ces hausses insensées que cause souvent une malheureuse propagande, mettra le pays à l'abri des affreuses malveillances, limitera le change à la baisse, reconstituera la fortune publique par le retrait du papier-monnaie.

Le Comité propose les modifications suivantes :

A l'article 5, après les mots « papier-monnaie » du premier alinéa, il est ajouté *et prévues par la loi du 13 août 1903.*

Et, comme deuxième alinéa à cet article :

Cependant, quand le change tombera au-dessous de 300 0/0, ces dites taxes reviendront au service du retrait.

C'est avec ces modifications que le Comité présente le projet à l'agrément de la Chambre.

Fait à la Chambre des députés, le 10 août 1906.

(S) A. D. CHANCY, JH. SÉVÈRE, GERSON DESROSIERS, L. MEMNON AINÉ, PAUL CESVET, A.-R. DURAND, EM. ZÉPHYRIN, RODOLPHE LAFONTANT, L. LUMARQUE, BLAISE-C. LAVACHE ; *le président*, EUG. RAYNAUD ; *le rapporteur*, N. LECONTE.

Le 21 août, la loi fut promulguée :

NORD ALEXIS
Président de la République.

Vu l'article 69 de la Constitution ;

Considérant qu'une spéculation criminelle exploite au détriment du peuple le montant du papier-monnaie actuellement en circulation ;

Considérant que, pour déjouer cette combinaison, la loi sur le retrait du papier-monnaie a été jusqu'à ce jour impuissante ;

Considérant que l'Etat a pour devoir de combattre et de vaincre tous les éléments de désorganisation sociale ;

Qu'il importe dès lors, et afin de protéger le bien-être des familles, de changer au plus tôt l'assiette économique du pays ;

Sur la proposition du Secrétaire d'Etat des finances,

Et de l'avis du Conseil des Secrétaires d'Etat,

A proposé

Et le Corps législatif a voté la loi suivante :

Art. 1er. — A partir de la promulgation de la présente loi, tous les droits d'importation généralement quelconques seront payables en or américain ou en papier-monnaie au taux de 300 0/0.

Art. 2. — La moitié du montant intégral de tout bordereau à l'importation, soit 50 0/0, acquitté en papier-monnaie à 300 0/0, sera versée directement à la caisse du retrait, et, dans les autres villes, au service de la Trésorerie pour compte du retrait.

Cette moitié intégrale de tout bordereau à l'importation sera livrée aux flammes au plus tard dans les huit jours.

La plus large publicité devra être donnée aux opérations du retrait.

Art. 3. — Toutes les taxes généralement quelconques affectées actuellement au papier-monnaie prévues par la loi du 11 août 1903 seront versées désormais à la caisse publique et consacrées au service courant.

Cependant, quand le change tombera au-dessous de 300 0/0, ces dites taxes reviendront au service du retrait.

Art. 4. — La surtaxe de 25 0/0 en or à l'importation est et demeure supprimée.

Art. 5. — Si le besoin s'en fait sentir, le Gouvernement est autorisé par simple arrêté de rétablir sur les articles dits de consommation alimentaire les anciennes taxes telles qu'elles se pratiquaient antérieurement à la présente loi.

Dans ce cas, les quatre huitièmes à l'importation revenant au papier-monnaie et prévus par la loi du 28 juin 1905, acquittés en or, seront versés à la caisse du retrait, et dans les autres villes au service de la Trésorerie pour compte du retrait.

Ces valeurs seront vendues contre papier et le produit livré aux flammes, conformément aux prescriptions de la loi du 11 août 1903 sur le papier-monnaie.

Art. 6. — La présente loi abroge toutes lois ou dispositions de loi qui lui sont contraires. Elle sera exécutée à la diligence du Secrétaire d'Etat des finances.

Donné à la Chambre des Représentants, à

Port-au-Prince, le 17 août 1906, al. 103ᵉ de l'Indépendance.

Le Président de la Chambre,
S. ARCHER.

Les Secrétaires :
G. DESROSIERS, LOUIS BRUTUS.

Donné à la Maison Nationale, à Port-au-Prince, le 21 août 1906, an 103ᵉ de l'Indépendance.

Le Président du Sénat,
T.-A. DUPITON.

Les secrétaires :
R. DAVID, DIOGÈNE LEREBOURS.

Au nom de la République :

Le Président d'Haïti ordonne que la loi ci-dessus du Corps législatif soit revêtue du sceau de la République, imprimée, publiée et exécutée.

Donné au Palais National, à Port-au-Prince, le 21 août 1906, an 103ᵉ de l'Indépendance.

NORD ALEXIS.

Par le Président :

Le Secrétaire d'Etat des finances et du commerce,
F. MARCELIN.

Le lendemain j'adressai la circulaire suivante aux administrateurs des Finances, ainsi que cette dépêche au Directeur général de la Recette et de la Dépense :

N° 2105. — *Port-au-Prince, le 22 août 1906.*

CIRCULAIRE

Aux Administrateurs des finances de la République.

Monsieur l'Administrateur,

Je vous envoie, sous ce pli, un exemplaire de la loi prescrivant le paiement des droits d'importation généralement quelconques en or américain ou en billets de caisse au taux de 300 0/0, soit quatre pour un.

L'article 2 de cette loi, qui est promulguée au *Journal officiel* et qui doit être exécutée vingt-quatre heures après sa promulgation, s'exprime ainsi :

« Art. 2. — La moitié du montant intégral de tout bordereau à l'importation, soit 50 0/0 acquitté en papier-monnaie, à 300 0/0, sera versée directement à la caisse du retrait, et dans les autres villes au service de la Trésorerie pour compte du retrait.

« Cette moitié intégrale de tout bordereau à l'importation sera livrée aux flammes au plus tard dans les huit jours.

« La plus large publicité devra être donnée aux opérations du retrait. »

Pour tout bordereau de Douane à l'importation, vous dresserez une ordonnance de recette et deux mandats d'encaissement : l'un comportera la valeur destinée au service courant, soit la moitié du montant du bordereau, et l'autre celle affectée au retrait. Ces deux mandats porteront le même numéro. La série pour le service courant sera précédée de la lettre C et celle pour le retrait portera la lettre R.

Les droits de tonnage, vigie, pilotage, échelle, visite sanitaire appartiennent au service courant, ainsi que les droits additionnels des 50 0/0 et 33 1/3 et la surtaxe de 25 0/0 or prélevés sur ces droits. Les mandats d'encaissement pour cette catégorie de recettes seront dressés comme précédemment.

Les taxes perçues en conformité de la loi du 11 août 1903 sont disponibles pour le service courant et doivent être encaissées par les bureaux de Trésorerie.

Tous les huit jours, vous m'enverrez un état des sommes constatées pour le service du retrait et pour le service courant.

Vous prendrez toutes les mesures nécessaires pour que les bordereaux soient immédiatement ordonnancés en recette et que les mandats d'encaissement correspondants soient acheminés sans aucun retard au Directeur de la Recette et de la Dépense.

J'attire particulièrement votre attention sur les bordereaux approximatifs dont le règlement traîne trop souvent. Je vous invite à refuser de faire dresser des bordereaux de cette nature pour tout négociant qui n'aurait pas réglé, dans les huit jours, le mandat d'encaissement dressé en règlement d'un bordereau approximatif.

Accusez-moi réception de la présente dépêche-circulaire et recevez, Monsieur l'Administrateur, les assurances de ma considération distinguée.

F. MARCELIN.

Port-au-Prince, le 22 août 1908.
N° 2105 *bis.*

Le Secrétaire d'Etat au département des finances et du commerce au Directeur général de la Recette et de la Dépense, Port-au-Prince.

Monsieur le Directeur,

Je vous envoie, sous ce pli, un exemplaire de la loi prescrivant le paiement des droits d'importation généralement quelconques en or américain ou en billets de caisse au taux de 300 0/0, soit quatre pour un.

L'article 2 de cette loi, qui est promulguée au *Journal officiel* de ce jour et qui doit être exécutée vingt-quatre heures après sa promulgation, s'exprime ainsi :

« Art. 2. — La moitié du montant intégral de tout bordereau à l'importation, soit 50 0/0, acquitté en papier-monnaie à 300 0/0, sera versée directement à la caisse du retrait, et, dans les autres villes, au service de la Trésorerie pour compte du retrait.

« Cette moitié intégrale de tout bordereau à l'importation sera livrée aux flammes au plus tard dans les huit jours.

« La plus large publicité devra être donnée aux opérations du retrait. »

Pour tout bordereau de Douane à l'importation, l'Administrateur des finances devra vous envoyer deux mandats d'encaissement dont l'un comportera la valeur destinée au service courant (soit la moitié intégrale du montant du bordereau) et l'autre celle de la somme affectée au retrait : ces deux mandats porteront le même numéro. La série pour le service courant sera précédée de la lettre C et celle pour le retrait portera la lettre R. Ces mandats seront acquittés en même temps. Les récépissés correspondant à ces mandats comporteront la valeur en or égale aux mandats. Mais vous annoterez sur chaque pièce la nature et le montant des espèces réellement reçues, billets ou or américain. Les droits de tonnage, vigie, pilotage à l'entrée et visite sanitaire appartiennent au service courant, ainsi que les droits additionnels de 50 0/0 et 33 1/3 0/0 et la surtaxe de 25 0/0 or prélevés sur ces droits. Les mandats d'encaissement pour cette catégorie de recette seront dressés comme précédemment.

Les taxes perçues en conformité de la loi du 11 août 1903 sont disponibles pour le service courant et doivent être encaissées par les bureaux de Trésorerie.

Tous les huit jours au plus tard, vous m'enverrez un état des sommes encaissées pour le service du retrait. Cet état sera publié régulièrement sur le *Journal officiel*.

Je vous invite à transmettre les présentes instructions aux Directeurs des bureaux de la Recette et de la Dépense et à veiller à ce qu'elles soient strictement exécutées.

Vous prendrez toutes les mesures nécessaires pour que les mandats d'encaissement soient acquittés sans aucun retard.

Accusez-moi réception de la présente dépêche et recevez, Monsieur le Directeur, les assurances de ma considération distinguée.

F. MARCELIN.

Telle fut cette loi qui, critiquée par les uns, louangée par les autres, demeurera cependant dans nos finances une innovation hardie. Elle fit baisser le change au-dessous de 300 0/0. Elle porta le retrait du papier-monnaie au delà des prévisions les plus optimistes. Et ce fut justement cela qui fit son malheur quelques mois après, ce fut justement cette cause qui, enfin, triompha contre elle dans l'esprit du général Nord. Les oppositions que suscitaient dans le commerce, en province surtout, son application, les rapports que les délégués des finances chaque semaine, à Jacmel et à Jérémie notamment, lui adressaient directement pour lui demander, au nom du commerce, de faire rapporter cette mesure draconienne, disaient-ils, du paiement de l'importation en or, auraient pu rester sans effet sur lui ou être efficacement combattus.

Mais quand on lui montrait de la fenêtre ouvrant sur son bureau, avec tristesse et regret, les flammes qui, hebdomadairement, de la place du Panthéon, dévoraient les milliers de gourdes retirées de la circulation, on pouvait être sûr d'être écouté favorablement. Il développait alors complaisamment un plan financier qui consisterait à ne plus brûler, mais à garder en dépôt au commissariat de la Banque le papier retiré. C'était, en somme, le même résultat, remarquait-il, puisque le papier ne circulait plus, mais on ne gaspillait pas de l'argent, on ne brûlait pas ce qui avait coûté de l'or au pays. Que si on lui faisait observer que le public n'aurait pas la même confiance dans le papier retraité dans les coffres du commissariat près de la Banque que dans le papier réellement brûlé sur la place du Panthéon, alors il s'emportait... Il s'écriait que c'était là un manque de confiance dans le Gouvernement, une injure qu'on lui faisait... Au fond, le général Nord savait bien ce qu'il disait. Il lui paraissait plus simple que, devant avoir besoin plus tard de cet argent, il était inutile de le brûler aujourd'hui pour être obligé de dépenser pour le fabriquer à nouveau. C'était une façon radicale de comprendre les choses.

Le *Moniteur* du 12 décembre parut avec les pièces suivantes :

ARRÊTÉ

Nord Alexis,
Président de la République,

Considérant qu'à l'approche des fêtes de cette fin d'année il importe d'assurer aux fonctionnaires et employés publics le paiement de leurs appointements des mois de novembre et de décembre ;

Considérant que les recettes affectées au service courant ne permettent pas d'effectuer, en ce moment, cette dépense, et qu'il y a lieu, dans ce cas, de faire un emprunt de la Caisse du retrait ;

De l'avis du Conseil des Secrétaires d'Etat,
A rendu l'arrêté suivant :

Art. 1er. — Le Secrétaire d'Etat des finances est autorisé, d'acord avec la Commission parlementaire de contrôle du retrait, à faire de la Caisse du retrait un emprunt de *trois cent mille gourdes* (300,000 gourdes) qui seront exclusivement employées au paiement des appointements des mois de novembre et de décembre 1906.

Art. 2. — Cet emprunt sera remboursé comme suit :

Le 31 janvier 1907..............G. 100.000
Le 28 février 1907.................. 100.000
Le 31 mars 1907.................. 100.000

Art. 3. — Le présent arrêté, contresigné de tous les Secrétaires d'Etat, sera imprimé, publié et exécuté.

Donné au Palais National, à Port-au-Prince, le 12 décembre 1906, an 103ᵉ de l'Indépendance.

NORD ALEXIS.

Par le Président :

*Le Secrétaire d'Etat des relations
extérieures et des cultes,*
H. PAULÉUS SANNON.

*Le Secrétaire d'Etat
de la guerre et de la marine,*
C. CÉLESTIN.

*Le Secrétaire d'Etat des travaux
publics et de l'agriculture,*
F.-N. LARAQUE.

*Le Secrétaire d'Etat de la justice
et de l'instruction publique,*
T. Laleau.

*Le Secrétaire d'Etat de l'intérieur
et de la police générale,*
Pétion-Pre.-André.

*Le Secrétaire d'Etat des finances
et du commerce,*
F. Marcelin.

Port-au-Prince, le 11 décembre 1906.

Le Directeur général de la Recette et de la Dépense au Secrétaire d'Etat des finances et du commerce.

Monsieur le Secrétaire d'Etat,

Vous m'avez parlé de la nécessité d'avancer le paiement du mois de décembre et de payer deux mois pour cette fin d'année. C'est une tradition établie depuis quelques années, et il est naturel que le Gouvernement tienne à donner encore cette satisfaction aux employés publics, d'autant plus que l'argent mis en circulation donnerait au commerce plus d'animation pour cette fin d'année et profiterait, par contre-coup, même au Trésor.

Il serait désirable, à tous les points de vue,

de faire ce double paiement. Mais les mois qu'il a fallu payer successivement depuis octobre n'ont pas permis de garder une réserve suffisante à cet effet. Les recettes de ce mois ne pourront pas assurer le paiement de deux mois. D'autre part, le Gouvernement ne veut pas avoir recours à un emprunt, comme il a été fait en de pareilles circonstances.

Devant tout cela, ne pensez-vous pas que la Caisse du retrait pourrait faire au service courant un prêt remboursable à brève échéance ?

Il faudrait environ 300,000 gourdes. On ne prendrait pas l'engagement de les rembourser d'un coup en janvier, mais, par exemple, en trois termes mensuels.

La Commission parlementaire du retrait, d'accord avec le Gouvernement, avancerait ces 300,000 gourdes, contre trois bons du Trésor que vous feriez émettre, payables :

Le premier, de....G.   100.000 le 31 janvier.
Le deuxième, de....   100.000 le 28 février.
Le troisième, de....   100.000 le 31 mars.

Ce moyen permettrait de satisfaire aux exigences de cette fin d'année, avec l'assurance de rembourser en un court délai, à date fixe, un emprunt sans charge onéreuse et sans paralyser le service des mois dans lesquels le remboursement devrait se faire.

Vous voudrez bien examiner cette idée et voir si elle est praticable.

Veuillez accepter, Monsieur le Secrétaire d'Etat, mes salutations empressées.

J.-Charles Pressoir.

Port-au-Prince, le 11 décembre 1906.

Le Secrétaire d'Etat au département des finances et du commerce, à la Commission parlementaire de contrôle du retrait.

Messieurs,

Je vous envoie sous ce pli, avec prière de me la retourner après en avoir pris connaissance, une lettre que m'a adressée le Directeur général de la Recette et de la Dépense à la date de ce jour.

Pour parfaire le service des appointements des mois de novembre et de décembre, ce fonctionnaire, vu l'état actuel de la Caisse publique, pense qu'un prêt de *trois cent mille gourdes* (300,000) pourrait être fait de la Caisse du retrait, remboursable à la fin de chacun des mois de janvier, février et mars 1906.

Le Conseil des Secrétaires d'Etat, à qui cette proposition a été soumise, a décidé qu'il y a urgence à l'admettre.

En conséquence, un arrêté sera pris, après votre avis favorable, par Son Excellence le Président de la République pour le remboursement de cette somme de *trois cent mille gourdes* aux dates précitées.

Je serais heureux d'avoir votre avis à ce sujet le plus tôt possible pour être transmis au Conseil des Secrétaires d'Etat.

Veuillez agréer, Messieurs, les assurances de ma considération distinguée.

F. MARCELIN.

RESOLUTION

La Commission parlementaire de contrôle du retrait, d'accord avec le Gouvernement,

Vu la dépêche du Secrétaire d'Etat des finances en date du 11 décembre 1906, accompagnée de la lettre du Directeur général de la Recette et de la Dépense, en date du même jour, sollicitant de la Commission parlementaire de contrôle du retrait un prêt de *trois cent mille gourdes* devant servir à compléter le paiement des appointements des employés publics des mois de novembre et décembre ;

A décidé qu'il y a lieu de faire droit à la demande du Gouvernement, prenant en haute considération la situation des employés publics, et pour éviter l'application de l'article 7 de la loi du 16 septembre 1906 portant fixation du budget des dépenses pour l'exercice 1906-1907, en mettant à sa disposition les 300,000 gourdes en garantie desquelles il sera délivré à la Commisson du retrait des bons du Trésor aux échéances déterminées ci-dessous.

La Commission a en outre décidé, et en cela toujours d'accord avec le Gouvernement, qu'un arrêté sera pris par le Président de la République établissant le mode de remboursement qui devra être fait aux conditions suivantes :

1.º Un bon du Trésor de 100,000 gourdes, payable le 31 janvier 1907 ;

2º Un bon du Trésor de 100,000 gourdes, payable le 28 février 1907 ;

3º Un bon du Trésor de 100,000 gourdes, payable le 31 mars 1907.

Jusqu'au complet remboursement de ces bons, aucune affectation ne pourra être accordée aux droits d'importation destinés à la couverture des 300,000 gourdes, et ce sous la responsabilité du Directeur de la Recette et de la Dépense.

Dès l'ouverture de la session, un rapport sera fait au Corps législatif lui demandant la sanction de la présente résolution.

S. ARCHER, Dr PÉTION SAVAIN, B. SAMSON, STÉPHEN DENNIS, J.-R. BARJON, L. BARBANCOURT.

Pour assurer l'exécution stricte de cette résolution, j'écrivis au directeur général de la Recette et de la Dépense :

N° 533. — *Port-au-Prince, le 14 décembre 1906.*

Au Directeur général de la Recette
et de la Dépense.

Monsieur le Directeur,

Je vous notifie l'arrêté de S. Exc. le Président de la République et la résolution de la Commission parlementaire de contrôle du retrait : le tout inséré dans le *Journal officiel* du 12 du courant, au n° 98, dont je vous remets ci-inclus un exemplaire, est relatif à un prêt de 300,000 gourdes des fonds du retrait pour le service des appointements des mois de novembre et décembre 1906.

Conformément auxdits arrêté et résolution, le remboursement de cette valeur sera effectué en trois termes égaux :

Le 31 janvier 1907.................. 100.000
Le 28 février 1907................. 100.000
Le 31 mars 1907................... 100.000

Vous aurez donc à émettre immédiatement trois bons payables comme il est indiqué ci-dessus et à les adresser à la Commission parlementaire de contrôle du retrait.

Ces bons figureront, jusqu'à ce qu'ils soient remboursés, dans la situation hebdomadaire que vous enverrez à mon département et à ladite Commission sous la rubrique : Bons à l'ordre du Retrait.

A l'échéance d'un bon, le montant devra en être versé à la caisse du retrait, sous votre responsabilité personnelle. Vous devez chaque semaine — et je vous en donne l'ordre formel — distraire au fur et à mesure, *coûte que coûte*, sur les rentrées du Trésor, des sommes partielles que vous tiendrez en réserve pour former les 100,000 gourdes à rembourser à la fin du mois.

Ce remboursement, quel que soit le cas, ne devra jamais subir le moindre retard.

Je vous rappelle toutes les responsabilités qui vous incombent, si vous procédez contrairement à mes instructions.

Je vous recommande d'une manière spéciale de presser les opérations du comptage et de la perforation des billets destinés à être livrés aux flammes, afin que la Commission, dans les sommes versées et à brûler chaque semaine, n'éprouve aucun retard. Il convient d'autant plus d'agir ainsi que le Gouvernement vient de faire un prêt du retrait et qu'il est indispensable de donner au public l'impression que ce prêt ne doit en rien ralentir l'exécution de la loi du 21 août 1906.

Accusez-moi réception de la présente dépêche et recevez, Monsieur le Directeur, les assurances de ma considération distinguée.

F. MARCELIN.

Il me répondit :

Port-au-Prince, le 18 décembre 1906.

Le Directeur de la Recette et de la Dépense au Secrétaire d'Etat des finances et du commerce, en son hôtel.

Monsieur le Secrétaire d'Etat,

J'ai l'honneur de vous accuser réception de votre dépêche du 14 du courant, au n° 533, me notifiant l'arrêté de S. Exc. le Président de la République et la résolution de la Commission parlementaire de contrôle du retrait insérés dans le *Journal officiel* du 12 courant, au n° 99, et relatifs à un prêt de 300,000 gourdes des fonds du retrait pour le service des appointements des mois de novembre et décembre 1906.

Conformément auxdits arrêté et résolution,

le remboursement de cette valeur sera effectué en trois termes égaux :

    Le 31 janvier 1907................$ 100.000
    Le 28 février 1907................ 100.000
    Le 31 mars 1907.................. 100.000

Vous m'invitez, en conséquence, à émettre immédiatement trois bons payables comme il est indiqué ci-dessus et à les adresser à la Commission parlementaire de contrôle du retrait. Cela a été fait.

Vous me dites, en outre, que ces bons figureront, jusqu'à ce qu'ils soient remboursés, dans la situation hebdomadaire que j'enverrai à votre département, et à ladite Commission, sous la rubrique : Bons à l'ordre du Retrait.

Vos instructions seront exécutées.

Je prendrai également les mesures que vous recommandez pour le paiement des bons à échéance.

Vous me recommandez aussi d'une façon spéciale de presser les opérations du comptage et de la perforation des billets destinés à être livrés aux flammes, afin que la Commission, dans les sommes versées et à brûler, chaque semaine, n'éprouve aucun retard. Je puis vous dire que je n'ai jamais mis aucune négligence dans ce service et ne manquerai pas de me conformer à vos recommandations.

Veuillez recevoir, Monsieur le Secrétaire d'Etat, mes salutations empressées.

J. Catts Pressoir.

C'était là une mesure extrême, commandée par les circonstances. On ne pouvait faire autrement, car il est d'usage, à la fin de l'année, de payer par anticipation, c'est-à-dire en décembre même, ce même mois de décembre qui n'est dû qu'en janvier. Le général Nord Alexis n'aurait voulu pour rien au monde manquer à cette tradition des bons gouvernements. Généralement, par le passé, on se tirait d'affaire en faisant un emprunt de 500,000 à 600,000 gourdes aux négociants de la place. Chacun y trouvait son profit ; les employés publics pouvaient satisfaire aux dépenses de fin d'année, le commerce voyait ses ventes augmenter par le fait de ce mois payé par anticipation et les banquiers prêteurs réalisaient un joli bénéfice. Mais on sait que le général Nord Alexis fut toujours, et jusqu'à la fin, l'ennemi irréductible des emprunts sur place...

Il fut donc fait un *emprunt sur soi,* lequel fut religieusement remboursé aux époques prévues. Cela ne valut-il pas mieux que de grever la caisse publique, selon la pratique courante des emprunts sur place, d'une forte différence entre le change réel et celui auquel les banquiers auraient lâché leurs gourdes, sans compter les commissions et les intérêts à payer ?

Le décroissement de notre exportation devenant chaque jour plus alarmant, j'adressai le rapport suivant au Président :

Port-au-Prince, le 24 décembre 1906.

A Son Excellence le Président de la République.

Monsieur le Président,

J'ai eu l'honneur, à plusieurs reprises, d'entretenir Votre Excellence, ainsi que le Conseil des Secrétaires d'Etat, de l'urgente nécessité d'aviser au plus tôt aux moyens de remédier à l'évidente insuffisance de notre exportation de café.

Votre pensée sans cesse en éveil pour le bien public a cherché, et cherche chaque jour, comment on pourrait augmenter la production nationale, afin de satisfaire aux nombreuses obligations que le progrès impose à tous les peuples, et plus particulièrement, — parce que nous sommes très en retard, — au peuple haïtien.

Il est hors de doute, en effet, que nous nous trouvons, par rapport à notre principal produit d'exportation, en face d'un problème économique grave. Ce problème se traduit en ces termes : avilissement du prix de vente du café sur les marchés étrangers et décroissance rapide, à l'intérieur, de notre propre production.

D'un côté, depuis quelques années, nous exportons moins et de l'autre nous obtenons de la consommation à peine la moitié du prix obtenu facilement il y a quinze ans.

Pour faire face à nos besoins, pour maintenir la valeur du capital social de la nation, il nous faudrait porter, vu la baisse du café, notre exportation annuelle à 150,000,000 de livres. Or, en 1904, nous avons eu 39 millions de livres et l'année dernière, difficilement, avons-nous pu atteindre 51,000,000.

Mais le problème serait-il définitivement résolu si nous arrivions à doubler notre exportation de café ?

Je ne le crois pas.

Certes, ce résultat, grandement appréciable, améliorerait notre situation économique. Cependant, il ne la résoudrait pas pour l'avenir.

Nul n'ignore, à l'heure actuelle, que la production du café submerge absolument la consommation : les retentissants efforts faits au Brésil et en Europe pour la valorisation de l'article n'ont pas triomphé devant une production d'année en année débordante. La loi universelle de l'offre et de la demande, comme toutes les vérités expérimentales, ici encore a prédominé.

Il n'en pouvait être autrement.

Le café se cultive un peu partout depuis quelques années. Tous les terroirs, à peu d'exception, lui conviennent dans notre hémisphère. En Afrique, notamment au Congo, il se développe aisément. A Madagascar, à la Nouvelle-Calédonie, un peu partout, on le cultive sans difficulté.

La production au Brésil, estimée à 17 millions de sacs, dépassera cette année les besoins de 4 à 5 millions de sacs. Il est à supposer que, dans les années suivantes, ces chiffres seront augmentés. Ce surcroît de production provient de plantations faites d'une façon méthodique et scientifique.

Est-il, en face d'une telle situation, d'un pessimisme exagéré de craindre que, dans une époque non éloignée, l'on arrive à n'obtenir que 35 à 40 francs pour 100 livres de café ou même moins ?

La France, d'autre part, comme toutes les nations, protège ses colonies et ne fait payer que la moitié des droits d'entrée aux cafés qui en proviennent. En cas de débâcle, le planteur des colonies françaises trouvera, dans le marché de la consommation en France, un débouché tout acquis. Il pourra augmenter ses plantations et soutenir encore la lutte. Et il faut voir même que, dans un temps assez court, la France sera presque uniquement alimentée par ses colonies, soit un débouché sérieux de moins pour les autres pays, et surtout pour nous.

Quand toutes ces cultures, en plein développement, aboutiront sur le marché du monde, qu'en résultera-t-il pour Haïti ?

La réponse n'est pas douteuse.

Il est donc de notre devoir, en face d'une production en disproportion absolue et flagrante avec la consommation, de chercher à côté du café, tout en ne reniant pas son culte antique, la compensation indispensable à l'équilibre de la vie nationale.

Cette compensation peut être aisément trouvée dans la culture intensive et développée du cacao.

En effet, sa consommation énorme augmente chaque jour dans le monde entier. C'est un article alimentaire indispensable et, en même, c'est un article de luxe, de confiserie riche, adopté, recherché partout.

Le cacao ne se cultivant que dans quelques pays privilégiés — principalement dans le nôtre — et se récoltant dans un délai assez rapproché, j'ai l'honneur, Monsieur le Président, de prier Votre Excellence d'ordonner aux commandants militaires, sous leur responsabilité personnelle, et directe, de faire planter partout le cacaoyer. A peu d'exceptions, il n'y a pas de parties de notre pays où cette culture ne puisse se développer : les nombreuses cacaoyères qui existaient jadis en Haïti le démontrent. D'un autre côté, il n'y a que l'autorité militaire seule qui pourra obtenir ce résultat puisque c'est elle dont l'action, jusqu'à ce jour, soit sensible chez nous.

Je me permets, à titre complémentaire, de transcrire ici le passage suivant que je trouve dans le rapport de notre Consul général à

New-York pour l'année 1901-1902. Ce passage peut être encore d'actualité :

« Sur les 773,612 livres de cacao représentant une valeur de $ 88,179.20 expédiés d'Haïti à New-York, durant l'année fiscale 1901-1902, il n'en a été guère placé ici ; la totalité, pour ainsi dire, en a été acheminée en Europe. Cependant, les Etats-Unis ont importé, l'année dernière, 53,361,404 livres de cette denrée, contre 45,505,486 l'année précédente.

« La consommation du cacao augmente dans ce pays d'année en année, ce qui rend d'autant plus regrettable le fait de nous voir complètement exclu de son marché. Une des raisons mises en avant par les importateurs pour expliquer cet état de choses est que notre article est mal nettoyé et que l'on n'est pas, aux Etats-Unis, aussi bien outillé qu'en France pour la manipulation et l'amélioration ultérieure de cette fève.

« La hausse du prix d'une denrée étant une incitation chez le cultivateur à augmenter sa peine et sa production, vous nous permettrez, Monsieur le Secrétaire d'Etat, de soumettre à votre haute appréciation le moyen le plus tratique, à notre avis, d'obtenir ce résultat.

« Il y a deux catégories de cacao qui parviennent sur les marchés du monde : le cacao cuvé (fermenté) et le cacao brut.

« Le cacao brut, celui de nos paysans, est noirâtre, amer, le germe s'y trouve adhérent et d'une dureté excessive, l'enveloppe pelliculaire de la fève se détache avec difficulté, même dans la suite.

« Le cacao fermenté, celui, par exemple, des usines de Danmarie, par la fermentation, perd son amertume, acquiert un arome plus suave, le germe devient friable, l'enveloppe pelliculaire se détache avec une étonnante facilité. La fève acquiert, par surcroît, cette belle couleur de chocolat si recherchée des fabricants de ce produit.

« Vu les qualités supérieures que lui procure la méthode de fermentation, est-il donc étonnant de voir le cacao fermenté obtenir un prix d'au moins 50 0/0 supérieur au prix du cacao brut ?

« Pourquoi donc le paysan ne ferait-il pas en petit ce que ces usines font en grand chez nous ? Le procédé de fermentation n'est ni un secret, ni un procédé breveté. Il est employé par les paysans de la Jamaïque, de certaines contrées du Centre et du Sud-Amérique, et n'offre absolument aucune difficulté.

« Voici le procédé employé par ces paysans :

« Après avoir retiré les fèves des gousses, au lieu de les laver et de les faire sécher au soleil pendant quelques jours, comme on le pratique pour le cacao brut, on ne lave point les fèves. On les place dans un baril ou une caisse vide, ayant quelques trous au fond. Sur le tas, on place un morceau de planche ou quelques feuilles de bananier que l'on surcharge d'une grosse pierre dans le but d'exercer une pression constante durant la fermentation. Une chaleur croissante s'opère dans la masse, et les fèves commencent à suinter, l'eau du suintage s'écoulant par les trous au fond du baril. Cette opération dure trois jours environ. On a soin, *ce qui est essentiel*, d'interrompre de temps à autre, toutes les dix-huit heures ou vingt-quatre heures, la marche de la fermentation. Cette interruption, *qu'on ne doit pas négliger*, s'obtient, tout simplement, en étalant à l'air, sur des nattes, pendant quelques minutes, les fèves que l'on replace ensuite pêle-mêle dans le baril. A la fin des trois jours, les fèves, toujours sans être lavées, sont exposées aux rayons du soleil, le premier jour : le matin et l'après-midi, et, les deux autres jours, aussi longtemps que l'on peut. Il faut que la dessiccation soit parfaite.

« Nous savons que toute innovation répugne aux paysans qui sont lents à bien comprendre leurs intérêts, mais, en agissant avec du tact et de la persistance, les autorités arriveraient à faire adopter celle que nous préconisons.

« Sur l'invitation du Gouvernement, les commandants d'arrondissement de la Grand' Anse, de Léogane et d'autres régions cacaoyères, expliqueraient aux habitants les avantages de cette méthode, *revenant à la charge, insistant constamment* auprès d'eux. Nous sommes persuadés que l'on obtiendrait ainsi de bons résultats. Les prix plus rémunérateurs que recevrait le cultivateur le porteraient à augmenter la production de cet article supérieur, augmentant ainsi les recettes du Trésor et assurant le bon renom du pays.

« Alors, et alors seulement, notre cacao pourrait affronter tous les marchés du monde et y trouver des prix tout à fait satisfaisants. »

Je m'arrête, Monsieur le Président. Votre Excellence voudra voir dans le présent exposé mon souci d'améliorer, dans l'avenir, la tâche du Ministre des finances : actuellement, entre notre exportation décroissante et la vileté des prix du café à l'étranger, il ne peut recourir forcément et malheureusement qu'à des expédients plus ou moins heureux, renouvelés chaque année, pour équilibrer le budget de la République. Or, l'équilibre vrai d'un budget n'est pas dans les expédients : il est dans la production nationale.

Cependant — et je n'ai pas besoin de le rappeler — ce ne serait pas, dans cet ordre d'idées, la culture seulement du cacao qu'il faudrait développer. Pour affranchir nos finances, il faudrait développer parallèlement celle de tous nos autres produits et denrées exportables. Alors, il n'y aurait plus de morte-saison financière, morte-saison qui pèse chaque année, et depuis que nous existons, si lourdement sur la marche du service public !...

On y arriverait certainement dans l'avenir, et plus tôt même qu'on ne le pense, si nos chefs d'Etat restaient toujours convaincus qu'ils ne sont à la tête du peuple haïtien que pour se dévouer sans cesse à son bonheur et à sa prospérité.

Daignez agréer, Monsieur le Président, l'hommage de tout mon respect et de tout mon dévouement.

F. Marcelin.

Dans ce rapport je demandais au Président de faire intervenir l'autorité militaire pour le développement de notre production. C'était revenir à une tradition que nos pères nous avaient léguée, mais de laquelle nous nous étions complètement dégagés. En effet, dans le passé le militarisme essayait au moins de servir à quelque chose d'utile et il croyait qu'il avait quelques devoirs, en dehors des parades officielles, à remplir vis-à-vis du pays. Nos commandants militaires exploitaient de grandes habitations rurales dans lesquelles ils donnaient l'exemple du travail et de l'ordre. Leurs familles vivaient sur les terres au milieu des paysans. Les routes, forcément, étaient entretenues sans grands frais pour l'Etat. Sur les plus hautes montagnes il existait des voies nettement tracées pour le transport des denrées qui, de nos jours, se perdent faute de communications... Pendant longtemps le général fut un agriculteur. Aujourd'hui il n'est que politicien, et le plus dangereux de tous les politiciens, attendu que pour loi suprême il ne connaît que son sabre. J'essayais donc de l'intéresser au rendement de nos douanes d'une façon profitable à la caisse publique.

V

Dans les derniers jours de décembre, subitement, le change se mit à hausser. Pourtant aucune raison ne semblait justifier une crise. La tranquillité régnait dans toute la République, ni plus ni moins que comme elle avait l'habitude de régner.

A côté des mesures policières qu'ordonna l'autorité pour arrêter la hausse, mesures toujours intempestives, j'adressai dans le même but les deux dépêches suivantes, l'une au directeur de la Banque, l'autre au syndicat des agents de change :

Port-au-Prince, le 28 *décembre* 1906.

Au Directeur de la Banque Nationale d'Haïti.

Monsieur le Directeur,

La grave perturbation survenue ces jour-ci dans le change a été causée par votre Etablissement. D'une voix unanime, le commerce de la place affirme que la rareté d'or dont, en ce moment, il subit les conséquences, a surtout pour cause l'expédition que vous avez faite à New-York, dimanche dernier, de 40,000 dollars, provenant, dit-on, des fonds encaissés pour le service de la Dette extérieure.

Cette inspiration malheureuse a provoqué une crise si forte que l'autorité supérieure a dû intervenir pour en arrêter le développement.

Il n'est pas possible que les efforts de la Banque, en Haïti, ne tendent à ce but désirable d'aider et de faciliter le commerce. Il n'est pas possible, non plus, qu'elle ne repousse comme une calomnie imméritée les voix qui affirment qu'elle a provoqué elle-même la crise que nous subissons.

A supposer même qu'elle n'eût pas confiance dans les signatures de la place, elle aurait pu, pour cette somme de 40,000 dollars, prendre des câble-transferts payables après avis de réception à New-York. Cela n'eût pas, avec la situation actuelle, coûté plus cher que l'expédition à l'étranger et cela n'eût pas acculé le commerce à une crise. Si de tels incidents devaient se reproduire, ils amèneraient infailliblement à leur suite une situation intolérable, créée par la Banque en connaissance de cause.

J'ose espérer que sur le terrain des facilités à accorder au commerce en général, quand cela ne saurait nuire à ses propres intérêts, je trouverai toujours la Banque Nationale d'Haïti en parfaite communion d'idées avec le Gouvernement.

Veuillez agréer, Monsieur le Directeur, les assurances de ma considération distinguée.

F. MARCELIN.

Port-au-Prince, le 28 décembre 1906.

Au Syndicat des Courtiers et Agents de Change.

Messieurs,

En dépit des efforts du Gouvernement pour maintenir le change à un taux raisonnable, la spéculation persiste à contrarier ces efforts. Cependant, avec les 5,460,000 gourdes, valeur déjà brûlée, et l'encaisse du retrait à ce jour, on a presque atteint le chiffre de 6 millions de gourdes retirées de la circulation.

Or, le change, depuis une quinzaine de jours, monte rapidement. Je veux négliger en ce moment certaines causes, qu'il n'est pas tout à fait de mon ressort d'envisager, pour m'arrêter uniquement à celles qui pourraient être mises en avant pour essayer de justifier cette hausse par des raisons soi-disant économiques.

Une des raisons qu'on se plaît à répéter est que la rareté excessive de l'or sur place provoque, depuis quelques jours, la crise que nous subissons et qu'il faut trouver la cause de cette rareté dans la tardiveté de notre récolte de café, ce qui a arrêté toute l'importation d'or ici.

Mais n'y a-t-il pas, en dehors de cette raison, une mauvaise pratique de la place de Port-au-Prince dans les procédés de ses remises, pratique que vous avez laissé s'implanter, qui est cause en partie de ce mal et qu'il était de votre devoir de combattre dès l'origine ?

Que se passe-t-il, en effet, quand un négociant a besoin de faire une remise à l'étranger ? Il vous appelle et vous lui faites convertir son papier en or, puis, ensuite, son or en traites. Pourquoi procéder ainsi ? Pourquoi ne pas faire simplement ce qui se faisait avant 1903, c'est-à-dire tout bonnement la conversion des gourdes en traites ?

Quand, ayant besoin d'or, on achète de l'or, cela se comprend. Mais qu'ayant besoin d'une traite on commence par acheter d'abord de l'or pour ensuite acheter la traite, c'est une habitude curieuse et qui ne peut s'expliquer par l'intérêt du commerçant. En tout cas, elle provoque des demandes exagérées d'or, et sans justification.

On n'aurait pas, en procédant plus logiquement, ce marché factice, surchauffé par des opérations qui, en réalité, ne reposent sur rien que peut-être sur un mouvement double et intéressé de commissions à payer.

Le papier-monnaie émis par l'Etat doit avoir son taux, soit contre traite, soit contre or. Il ne faut pas qu'une situation fausse, dans le but de favoriser la spéculation, lui soit faite.

J'appelle donc votre sérieuse attention sur ce point. Vous devez, comme nous, avoir souci du crédit public et, partant, n'encourager aucun procédé tendant à diminuer ce crédit.

Il me suffira de vous signaler cette anomalie pour que vous y remédiez immédiatement dans la pratique courante.

Veuillez, Messieurs, agréer les assurances de ma considération distinguée. F. MARCELIN.

La question du change a été la pierre d'achoppement de tous nos gouvernements. Principalement sous le général Nord Alexis elle fut irritante au suprême degré. Dans toutes les hausses il voyait la main de l'étranger, la main des ennemis de l'Etat.

Il y avait certainement cela : on lui faisait la guerre par son côté faible qui était le papier-monnaie. Cependant, jamais il ne consentit à reconnaître que le papier-monnaie par lui-même était la vraie cause de tous les soubresauts du change. Il rappelait que sous Soulouque il n'y avait que le papier et tout le monde était heureux. Pourquoi ? Il répondait : « Parce que le Gouvernement avait monopolisé le café. » Il voulait à son tour monopoliser le café et rétablir le cinquième comme sous l'Empire. On lui apportait souvent des plans financiers développés sur cette base. Il me les remettait en me recommandant de les étudier avec soin et attention.

Naturellement, je n'en faisais rien. Et quand il me demandait mon opinion quelques jours après, je lui répondais en riant : « Pourquoi ne pas rétablir l'Empire aussi ? » Le général Nord n'insistait pas, voyant bien que je ne prenais pas au sérieux ses collaborateurs anonymes.

On me croira difficilement, mais chaque fois qu'il y avait une crise du change, cette idée de monopole du café revenait sur le tapis, hantant l'imagination de ceux qui rêvaient de la prospérité publique *comme sous l'Empire.*

Alors je disais au général Nord : « Votre Gouvernement, de son origine à sa fin, est et restera un Gouvernement de combat. Vous avez voulu qu'il en soit ainsi. Vous êtes bien servi et vous n'avez pas à vous plaindre. Vous avez jeté le défi à *l'étranger:* il l'a relevé. Il était avant vous, dans ce pays, la puissance sacro-sainte. Vous l'avez mis en prison, vous l'avez frappé dans ses représentations les plus hautes, les plus respectées. Vous l'avez vilipendé tant que vous avez pu. Vous l'avez traîné devant les tribunaux, vous l'avez fait condamner. Entre parenthèse, n'oubliez pas qu'il n'oubliera jamais. Ça a été une stupeur dans le pays entier, dans cette ville de Port-au-Prince surtout, quand vous avez fait cela. Et vous avez voulu continuer. Vous avez fait défense à votre Gouvernement de contracter avec lui ces petits emprunts hebdomadaires, journaliers, qui dotèrent la République à l'intérieur d'une dette de plus de 13,000,000 de dollars et à l'extérieur d'une autre de 10,000,000. La vie financière, orientée dans cette voie, eût été, certes, plus douce, moins mouvementée. Elle eût été ce qu'elle était sous vos prédécesseurs. Et vous auriez pu signer à la fin un pacte d'alliance honorable avec vos adversaires. Vous n'avez pas voulu. Vous avez préféré l'emprunt sur soi, c'est-à-dire l'émission et la frappe. Là, vous avez donné vous-même des armes pour vous combattre; vous avez fourni les moyens pour vous atteindre et vous frapper. Car sachez que le papier-monnaie, quand il n'est pas soutenu, comme sous l'Empire que vous invoquez, par notre ploutocratie étrangère, est un terrible agent révolutionnaire. Il est mauvais sous tous les régimes; il est pis sous le vôtre, parce que ses alliés, ceux qui, dans leur intérêt, le soutinrent sous Geffrard, l'imposèrent sous Salomon, sont contre vous. Leur mot d'ordre, vous l'avez compris, est la hausse à outrance. Mais vous n'avez encore rien vu. Attendez un nuage dans le ciel politique, et vous verrez si les courtiers emprisonnés ou des mesures de police pourront arrêter la hausse ! »

La conclusion était qu'il fallait arriver sans retard au retrait général. Durant quelques jours on creusait la question... Il fallait l'abandonner bientôt, l'idée prédominant, encore une fois, que la hausse était due uniquement à la propagande, à l'opposition qu'on faisait au Gouvernement, opposition qu'il fallait vaincre, et non au papier-monnaie en lui-même.

Du reste, le Président de la République était radicalement opposé à tout retrait qui pouvait entraîner pour le pays une nouvelle Dette extérieure.

VI

La principale affaire qui en ce mois de janvier 1907 absorba l'attention du Gouvernement fut le règlement des condamnations encourues par la maison F. Herman et Cie, de Port-au-Prince, dans le procès de la Consolidation.

Ce règlement, très épineux, ne devait être fait définitivement que plus tard. Les pièces suivantes, ainsi que celle relative à ce règlement survenu en juin, peuvent offrir quelque intérêt:

Port-au-Prince, le 29 décembre 1906.

A Son Excellence le général Nord Alexis, Président de la République, à MM. les Secrétaires d'Etat, en conseil au Palais National.

Monsieur le Président,
Messieurs les Secrétaires d'Etat,

Notre maison existe depuis cinquante ans dans ce pays, à la prospérité duquel elle se flatte d'avoir un peu contribué par ses importantes affaires de commerce et de banque et par le concours financier qu'elle a donné à tous les Gouvernements constitutionnels.

Nous n'avons eu de difficultés d'aucune sorte avec les nombreuses administrations haïtiennes que nous avons connues et qui nous ont toujours accordé leur confiance et toute leur protection.

Notre attitude vis-à-vis du Gouvernement actuel a toujours été correcte ; aucun acte d'hostilité ne peut nous être reproché.

Nous avons salué avec plaisir l'avènement de l'honorable général Nord Alexis au pouvoir et, dès son entrée en fonctions, nous lui avons prouvé toute notre confiance et notre sympathie en nous mettant à sa disposition.

Nous ne nous sommes jamais immiscés dans les questions de politique intérieure, car nous sommes sincèrement partisans de l'ordre et de la paix.

Aussi, avons-nous raison d'être étonnés de la défiance que nous montre votre Gouvernement et du procès qu'il nous a fait pour les règlements intervenus entre nous et les Gouvernements Hyppolite et Sam, relativement à des travaux publics votés par les Chambres, exécutés d'une façon irréprochable et pour lesquels nous avons déboursé des sommes très importantes.

Les conditions de paiement de nos créances pour l'érection des fontaines de Saint-Marc et de Miragoane et pour la construction du quai du Cap Haïtien n'ayant pas été remplies, une convention reconnaissant les intérêts qui nous étaient légitimement dus et nous accordant une garantie sur le droit d'exportation du café, fut signée, en février 1899, entre le Gouvernement du général Sam et nous, sur l'intervention de M. le docteur Michaelles, ministre résident de l'Empire d'Allemagne.

Par cette convention, notre créance devait être éteinte en quatre ans.

En 1900, le Gouvernement du Général Sam, sur notre refus de lui permettre de disposer de notre garantie, nous imposa la conversion des titres 12 0/0 dont nous étions porteurs, en titres consolidés 12 0/0.

Nous avions le droit de protester et de nous en tenir aux termes de la convention du 24 février 1899, mais voulant aider le Gouvernement à améliorer sa situation financière, et les nouveaux titres qui nous étaient offerts ayant été créés par une loi, nous avons consenti à cette conversion.

Nous avons agi de bonne foi, et nous trouvons injuste le procès qui nous a été fait de ce chef, et qui a abouti au jugement du 30 juillet 1906. Ce procès nous a déjà causé un préjudice énorme en nous privant — pendant un temps très long — de fortes valeurs qui ont été saisies par le Gouvernement, et ce préjudice s'aggraverait si, par l'exécution du jugement, nous ne devions recevoir, pour le montant de notre créance, que $ 220,138.17 en titres 3 0/0 qui, au cours actuel, ne représentent que $ 44,000 en espèces.

L'exécution du jugement, qui méconnaît tous nos droits et lèse gravement nos intérêts, nous obligerait à réclamer la protection du Gouvernement Impérial pour obtenir que l'accord confirmé par le Gouvernement du Général Sam à son représentant, M. le Docteur Michaelles, soit maintenu.

Mais, avant d'entrer dans cette voie, nous pensons que la situation que nous occupons dans ce pays, dont nous avons toujours respecté les lois, nous fait le devoir, à cause aussi du désir que nous avons de continuer à vivre en parfaite harmonie avec le peuple haïtien et avec son Gouvernement, de venir vous proposer de mettre fin par une transaction au regrettable état de choses existant entre l'Etat et notre maison.

En tenant compte du tort moral et matériel que nous ont causé les poursuites exercées contre nous, vous reconnaîtrez qu'il est juste, du moment que nous acceptons l'échange de $ 343,448.50 de titres 12 0/0 (actuellement 6 0/0) contre $ 220,138.17 de titres 3 0/0, de nous donner le désistement de l'Etat moyennant le paiement en titres roses — au pair — des intérêts et de l'amortissement que nous avons touchés, dont le remboursement nous est demandé, et de nous faire l'abandon de l'astreinte et des dommages-intérêts.

Nous soumettons tout particulièrement cette proposition à la haute sagesse et à l'impartialité de S. Exc. le Président d'Haïti Nord Alexis, dont les sentiments de justice et d'équité sont universellement connus.

Nous prenons la liberté de faire appel à toute sa bienveillance pour faire cesser le fâcheux différend qui divise le Gouvernement et nous.

Nous désirons que de bonnes relations s'établissent entre nous, et nous saisirons avec empressement toutes les occasions que le vénéré chef de la République voudra bien nous offrir de lui donner tout notre concours pour le maintien de l'ordre et de la paix que, comme nous, doivent souhaiter tous ceux qui ont de grands intérêts dans ce beau pays.

Nous espérons que vous apprécierez le sentiment qui a dicté notre démarche, et nous vous prions, Monsieur le Président, Messieurs les Secrétaires d'Etat, de vouloir bien agréer nos respectueuses salutations.

F. HERMANN & C°.

Port-au-Prince, le 31 décembre 1906.

A la Commission de liquidation du procès de la Consolidation.

Messieurs,

Le Conseil des Secrétaires d'Etat, dans sa séance d'hier, a décidé ce qui suit :

« Le Conseil décide que la lettre du 29 dé-
« cembre 1906 de MM. F. Hermann & C° au
« Gouvernement sera envoyée par le Ministre
« des finances à la Commission de liquidation
« pour lui demander son avis motivé sur les
« propositions de la maison F. Hermann &
« C°. »

En vertu de cette décision du Conseil des Secrétaires d'Etat, j'ai l'honneur de vous prier de trouver, sous ce pli, la lettre du 29 décembre de MM. F. Hermann & C°.

Recevez, Messieurs, l'expression de mes salutations empressées.

F. MARCELIN.

Port-au-Prince, le 4 janvier 1907.

La Commission de liquidation du procès de la Consolidation au Secrétaire d'Etat au département des finances, en son hôtel.

Monsieur le Secrétaire d'Etat,

Nous avons l'honneur de vous accuser réception de votre dépêche du 31 décembre écoulé, n° 602, nous transmettant une lettre adressée au Conseil des Secrétaires d'Etat par la maison F. Hermann & C°. Vous nous demandez, en vertu d'une décision du Conseil, notre avis motivé sur les propositions faites par cette maison en vue du règlement des condamnations prononcées contre elle par le Tribunal civil de Port-au-Prince, en faveur de l'Etat.

Nous ne croyons pas qu'il nous appartienne de nous arrêter sur les considérations générales dans lesquelles MM. F. Hermann & C° ont jugé nécessaire d'entrer, notamment sur les critiques plutôt vives faites de la décision souveraine de la justice nationale. C'est là la mission exclusive du Gouvernement, qui ne manquera pas, nous en avons la conviction, de rappeler ces messieurs au respect dû à l'un des grands pouvoirs publics. Nous ne nous occuperons que des propositions de règlement formulées dans la lettre précitée. Elles se résument comme suit :

a) MM. Hermann & C° acceptent de remettre à l'Etat 343,448 dollars-or 50 de titres 6 0/0 (anciens 12 0/0) et de recevoir, en échange, 220,138 dollars-or 17 de titres 3 0/0 (anciens 6 0/0) ;

b) Ils demandent à rembourser les sommes par eux touchées pour intérêts et amortissements des titres qui leur ont été indûment remis en titres roses, au pair ;

c) Ils demandent enfin au Gouvernement de leur faire la remise de la totalité des sommes provenant de l'astreinte et des dommages-intérêts.

Relativement au premier point, il n'y a aucune objection à faire, la proposition étant conforme aux termes du jugement du 30 juillet écoulé et au commandement de payer signifié en vertu dudit jugement.

Sur le deuxième point, nous estimons qu'en l'acceptant le Gouvernement ferait à la maison F. Hermann & C° un traitement beaucoup plus favorable que celui qui a été accordé soit aux deux maisons et Banque G. Keitel & C° et J. Desjardins, Th. Luders & C°, soit aux personnes condamnées par le Tribunal criminel de Port-au-Prince, dans l'affaire de la Consolidation. Nous vous rappellerons que le règlement-type adopté par votre département est celui fait avec M. Tancrède Auguste, c'est-à-dire un tiers en espèces et deux tiers en titres roses : et, au moment de la plupart de ces règlements, le taux des titres roses était de 25 0/0 ; de sorte qu'en réalité la Caisse publique a effectivement touché 50 0/0 des sommes réclamées.

Accepter le mode de règlement offert par MM. F. Hermann & C°, cela reviendrait à leur faire abandon de 82 0/0 de la créance de l'Etat, les titres roses valant actuellement 18 0/0 de leur valeur. Cependant, alors que MM. G. Keitel & C° et J. Desjardin, Th. Luders & C°, *ab initio*, ont accepté de régler avec le Gouvernement, MM. F. Hermann & C° ont mis tout en œuvre pour empêcher le triomphe des droits de l'Etat.

Il nous semble donc qu'en accordant à ceux-ci un mode de règlement identique à celui fait avec les deux premières maisons et avec les condamnés, on agira avec une parfaite équité, et personne ne pourra s'en plaindre.

Quant à l'abandon de l'astreinte et des dommages-intérêts que demandent MM. F. Hermann & C°, nous vous prions de vous rappeler que, jusqu'ici, on n'a fait remise aux divers condamnés que des trois quarts des dommages-intérêts. Le Gouvernement, à notre avis, pourrait accorder la même remise à ces messieurs, en la faisant porter sur l'ensemble de l'astreinte et des dommages-intérêts, l'astreinte n'étant, en réalité, que des dommages-intérêts.

Pour faciliter la réponse à faire par le Conseil des Secrétaires d'Etat à MM. F. Hermann & C°, nous vous donnons ci-après le résumé des sommes qui leur ont été réclamées par le commandement du 29 décembre écoulé :

1° Or 137.570 93, intérêts et amortissements, sur $ 292,897.19, au 31 décembre 1905 ;
2° Or 55.472 96, intérêts et amortissements, sur $ 277,364.76, du 1er novembre 1898, au 28 février 1900 ;
3° Or 66.144 49, intérêts et amortissements, sur $ 93,000 au 31 décembre 1905 ;
4° Or 10.502 07, intérêts de janvier à octobre 1906, sur $ 342,448.50;
5° Or 13.800 », montant de l'astreinte (138 jours à 100 dollars) ;
6° Or 5.000 », montant des dommages-intérêts ;
7° Or 2.879 40, montant des droits d'enregistrement ;

291.369 85 comme total.

Si le Gouvernement adopte l'avis de la Commission, MM. F. Hermann & C° auraient à payer ce qui suit :

La somme en espèces pour intérêts et amortissement monte à or..........$ 269.690 45

L'astreinte et les dommages-intérêts s'élevant à or..$ 18.800 dont le quart à payer par F. Hermann & C°..................... 4.700 »

Ensemble.............$ 274.390 45

A payer donc par F. Hermann & C° un tiers en espèces, soit $ 91,463.48, et deux tiers en titres roses, au pair, $ 182,926.97.

A payer aussi par eux, en espèces, les droits d'enregistrement, soit $ 2,879.40, valeur à verser au bureau de l'enregistrement. Nous devons, en effet, vous faire remarquer que cette somme de $ 2.879.40 or, montant des droits d'enregistrement, ne peut pas subir de déduction et qu'elle doit être intégralement acquittée en espèces.

Ci-inclus, nous vous retournons la lettre communiquée.

Veuillez agréer, Monsieur le Secrétaire d'Etat, l'assurance de nos sentiments les plus distingués.

Le Président de la Commission,
CAMILLE BRUNO.

Port-au-Prince, le 10 janvier 1907.

A Son Excellence le général Nord Alexis, Président d'Haïti, au Palais National.

Excellence,

Je viens respectueusement faire appel à vos sentiments de justice et d'équité bien connus et solliciter votre haute intervention pour arriver à un règlement amiable du litige existant entre l'Etat et moi.

Je vous demande de prendre en considération que ma maison travaille depuis un demi-siècle en Haïti et qu'elle a rendu d'immenses services à l'Etat, aux commerçants, aux industriels et aux particuliers par les crédits qu'elle leur a largement accordés, par les revenus importants qu'elle a rapportés et qu'elle continue à rapporter, chaque année, à la caisse publique, et surtout par les capitaux considérables qu'elle répand dans les affaires sur tous les points de la République.

Ce n'est pas seulement à Port-au-Prince que ma maison concourt d'une façon effective au bien-être et à la prospérité du pays ; à Saint-Marc, aux Gonaïves, à Petit-Goâve et à Miragoâne, ses succursales versent annuellement au Trésor 350,000 à 400,000 dollars-or et le double en gourdes. Elles introduisent des marchandises de toutes sortes dans ces villes et en exportent à destination de tous les marchés européens, du café, du coton, du campêche et divers autres produits. Elle a ici, et sur toutes les places commerciales d'Haïti, une nombreuse clientèle haïtienne et étrangère avec laquelle elle entretient des relations très suivies et qu'elle a soutenue et puissamment aidée durant les grandes crises économiques et commerciales que ce pays a traversées depuis cinquante ans.

Elle a rendu, incontestablement, de grands services et il serait juste de reconnaître qu'elle occupe une place bien méritée dans la grande famille haïtienne.

Moi, Excellence, je suis venu jeune ici, et j'ai travaillé avec ardeur. C'est ici que je me suis créé une famille et j'ai toujours vécu de manière à acquérir l'estime et la considération de la société haïtienne.

Aussi, ai-je été peiné de constater le parti pris que certains agents de l'administration ont montré contre moi dans le cours du procès que m'a fait l'Etat.

Je sais que vous êtes juste, et que, grâce à la grande expérience que vous avez acquise pour avoir pris une part très active à tous les événements de votre patrie, vos décisions sont prises de la façon la plus impartiale, et, si je m'adresse directement à vous, Excellence, c'est que je m'appuie sur la solide réputation de bonté, de droiture et de probité dont vous jouissez aussi bien ici qu'à l'étranger, c'est que j'ai foi en votre sagesse et que j'ai confiance dans votre jugement qui, l'on se plaît à le reconnaître, est dégagé de toutes passions.

Il m'est revenu que les gens, ayant sans doute intérêt à diviser, ont essayé de faire croire à Votre Excellence que je suis animé de mauvais sentiments envers son Gouvernement ; ils ont même, paraît-il, poussé la malveillance jusqu'à me prêter l'intention de lui créer des difficultés.

Vous êtes heureusement trop clairvoyant pour n'avoir pas compris que j'ai été odieusement calomnié.

Je n'ai pas à me défendre, Excellence, je suis trop soucieux de mes intérêts et de ceux de mes associés pour montrer de l'hostilité au Gouvernement du pays où je réside et ne pas seconder ses efforts pour le maintien de l'ordre et de la paix, sans lesquels le commerce ne saurait exister.

Mes relations avec votre Gouvernement, très cordiales au début, se sont naturellement ressenties de notre différend. Mais j'ai le ferme espoir qu'elles seront bientôt rétablies et il ne dépendra que de Votre Excellence qu'elles se resserrent dès que, par un arrangement amiable, toute cause de dissentiment aura cessé entre votre Gouvernement et moi.

Par la lettre que j'ai eu l'honneur d'adresser au Conseil des Secrétaires d'Etat, le 29 décembre dernier, j'ai donné la preuve de mon désir de m'entendre avec votre Gouvernement.

En effet, j'ai consenti à remettre 343,448.50 dollars en consolidés 12 0/0, contre 220,138.17 dollars en consolidés 3 0/0, et j'ai pensé que le Gouvernement se montrerait juste en acceptant que je paie en titres roses la somme qui m'est réclamée en espèces.

Cette compensation ne peut donner lieu à aucune critique, puisque ces titres, qui font partie de la Dette publique et ont droit à 2 1/2 0/0 d'intérêt l'an, sont remboursables en or, au pair. En les recevant en paiement, le Gouvernement allège la Dette publique du capital qu'ils représentent, et, en outre, il économise les intérêts. Le Ministre des finances m'a notifié, hier, les conditions auxquelles le Gouvernement est disposé à transiger. Permettez-moi de reproduire sa lettre :

« Le Secrétaire d'Etat des finances à MM. F. Hermann & C°.

« Messieurs,

« En réponse à votre lettre du 29 décembre écoulé, adressée à S. Exc. le Président de la

République et à MM. les Secrétaires d'Etat, je vous communique ci-après la décision du Conseil des Secrétaires d'Etat : le Conseil des Secrétaires d'Etat, en sa séance du 8 janvier 1907, présidée par S. Exc. le Président d'Haïti, a décidé de ne pas accepter les propositions formulées par MM. F. Hermann & C° dans leur lettre du 29 décembre 1906 au Conseil des Secrétaires d'Etat.

« Le Conseil a décidé, en outre, que le règlement ne pourra être fait avec ces messieurs que conformément à l'avis exprimé par la Commission de liquidation du procès de la Consolidation dans sa dépêche du 4 janvier 1907, au n° 281, adressée au Secrétaire d'Etat des finances, c'est-à-dire selon le règlement-type fait avec MM. Tancrède Auguste.

« De plus, MM. F. Hermann & C° paieront le quart de l'astreinte et des dommages-intérêts ainsi que les droits d'enregistrement.

« Le Secrétaire d'Etat des finances est chargé de leur signifier cette décision.

« Le Secrétaire du Conseil des Secrétaires d'Etat,

« Signé : BORGELLA SÉVÈRE.

« Veuillez agréer, Messieurs, l'assurance de mes sentiments distingués.

« Signé : F. MARCELIN. »

Ces conditions, Excellence, sont excessives, ruineuses et de nature à rendre impossible la transaction que je désire, aussi viens-je vous prier d'être mon avocat auprès des membres de votre Conseil et d'user de votre haute autorité et de votre influence pour obtenir que la proposition suivante soit agréée :

En règlement de la somme qui m'est réclamée, je prie le Gouvernement d'accepter $ 20,000 en or américain et des titres roses, au pair, pour le solde.

De plus, j'acquitterai les droits d'enregistrement qui s'élèvent à $ 2,879.40 or.

Etant donné que le procès m'a causé un préjudice énorme en m'empêchant de livrer des titres que j'avais vendus à plusieurs maisons ; que, par l'immobilisation des fortes valeurs en espèces et en titres haïtiens saisies au nom de l'Etat, j'ai éprouvé de grandes pertes par suite des sacrifices que j'ai été contraint de faire pour remplir des engagements, je serais reconnaissant à Votre Excellence d'obtenir aussi qu'il me soit fait abandon des dommages-intérêts et de l'astreinte.

Je renonce de mon propre mouvement, par un effort suprême et dans la pensée de mériter la bienveillance et la confiance de Votre Excellence, au fruit du travail de toutes les années que j'ai passées en Haïti.

J'ose espérer que Votre Excellence m'accordera la bienveillante intervention que j'ai l'honneur de solliciter et je la prie d'agréer l'assurance de ma gratitude et de mes sentiments respectueux et dévoués.

Ed. Reimbold.

Port-au-Prince, le 16 janvier 1907.

MM. F. Hermann et Cie.

Messieurs,

Je vous accuse réception de la lettre du 10 janvier courant, par laquelle votre sieur Ed. Reimbold me demande de prendre en considération des attaches de famille qu'il a dans le pays ; de la part prise depuis un demi-siècle à la prospérité nationale par votre établissement, ainsi que du mouvement commercial qu'il a créé et maintenu pour intervenir aux fins de vous faire accorder le bénéfice d'un règlement amiable du litige existant entre l'Etat et votre maison.

Je vous sais gré, Messieurs, de l'esprit de sagesse et d'équité que me reconnaît votre lettre et du témoignage que vous portez au sujet du calme et de l'impartialité dont sont empreintes toutes mes décisions, même dans les questions qui sont les plus difficultueuses tant par leur nature que par les commentaires contradictoires que fait d'elles l'opinion publique.

Aussi, Messieurs, avais-je examiné avec la plus sérieuse attention et, comme d'habitude, l'esprit libéré de toute idée préconçue, les propositions contenues dans votre lettre du 22 décembre dernier, adressée à moi et à mon Conseil des Secrétaires d'Etat, à propos des condamnations prononcées contre vous.

Le jugement rendu contre vous par la justice civile a fait, Messieurs, quant à son mode d'exécution, l'objet, en mon Conseil, des mêmes délibérations que les sentences des tribunaux criminels condamnant quelques-uns de mes concitoyens dont le cas était analogue à l'affaire qui nous occupe. Tous les membres du Gouvernement ont donné là-dessus leur opinion. Chaque opinion a été froidement examinée et discutée à loisir et, pour moi personnellement, mon avis a été inspiré par les considérations qu'aujourd'hui seulement vous m'exposez et qui ont trait à la situation proéminente et honorable de votre établissement dans le pays.

Il en est résulté que le Conseil des Secrétaires

d'Etat s'est arrêté à cette décision qu'on transigerait avec vous après procès, en améliorant la condition qui vous est faite, selon le règlement-type adopté pour des condamnés qui se trouvaient dans des cas pareils au vôtre.

J'ai, Messieurs, accordé le plus vif intérêt aux nouvelles propositions que vous me soumettez. Je comprends bien les motifs qui, me dites-vous, vous y décident et j'apprécie toute leur valeur, ce que vous me dites de l'embarras où peut mettre votre maison la réparation à laquelle vous condamne la souveraine autorité judiciaire, bien que cette condamnation soit raisonnablement — et suivant des précédents qui nous lient, — rendue plus commode par la décision du Conseil des Secrétaires d'Etat.

Comme ce m'était d'obligation, j'ai donc soumis, Messieurs, votre nouvelle demande à mon Conseil. J'ai fait observer à MM. les Secrétaires d'Etat toute la satisfaction que j'éprouve des sentiments d'attachement au pays et de sympathie respectueuse au Gouvernement que vous venez manifester aujourd'hui.

J'ai déduit les motifs que vous donnez de votre sollicitation actuelle et j'ai fait apprécier les raisons de l'estime que le pays vous doit.

Le Conseil a exprimé le profond regret, — et je l'ai regretté plus que personne, — qu'il lui est impossible de revenir sur une décision qu'il serait inéquitable de prendre autre que celles prises dans des circonstances antérieures semblables.

J'ai la ferme confiance, néanmoins, que le crédit immense et bien acquis de votre maison à l'étranger et dans le pays même, l'opiniâtreté au travail et la science des affaires bien notoires dont sont doués tous les membres de votre établissement, vous permettront de réparer promptement l'embarras plus ou moins grand que peut vous valoir la malencontre qui nous occupe.

C'est en l'espérant et en le souhaitant sincèrement que je me plais à vous assurer, Messieurs, de mes bons sentiments envers votre sieur Reimbold et de la parfaite considération que je vous garde.

NORD ALEXIS.

Port-au-Prince, le 16 janvier 1907.

Le Secrétaire d'Etat au département des finances et du commerce au Secrétaire d'Etat au département de la justice.

Mon cher Collègue,

Le Conseil des Secrétaires d'Etat, dans sa séance d'hier, a décidé ce qui suit :

« Le Ministre des finances enverra toutes les

« pièces relatives à l'affaire Hermann & C° à
« son collègue de la justice pour faire ce que
« de droit. »

En vertu de cette décision du Conseil, je vous prie de trouver sous ce pli : 1° copie de la dépêche du département des finances du 31 décembre écoulé, au n° 602, à la Commission de liquidation ; 2° copie de la réponse de ladite Commission ; 3° copie de la lettre de F. Hermann & C° au Conseil des Secrétaires d'Etat ; 4° copie de la dépêche à la date du 9 janvier 1907 du département à F. Hermann & C°, lui notifiant le memorandum du Conseil du 8 janvier 1907.

Veuillez agréer, mon cher collègue, mes meilleures salutations.

F. MARCELIN.

Port-au-Prince, le 22 janvier 1907.

Le soussigné, Secrétaire d'Etat des relations extérieures, a l'honneur d'accuser réception, à M. le Ministre-résident d'Allemagne, de sa note en date du 21 courant, reçue le 22 et ainsi conçue :

« *Port-au-Prince, le 21 janvier 1907.*

« Monsieur le Secrétaire d'Etat,

« Au nom de mon Gouvernement, je proteste contre l'exécution, commencée aujourd'hui, du jugement du Tribunal civil du 30 juillet de l'année passée contre la raison sociale F. Herrmann & C°, dans le sens que ce jugement viole la situation de droit qui a été créée par la convention établie entre le Gouvernement d'Haïti et la raison sociale ci-dessus et confirmée en mars 1899 vis-à-vis de la légation impériale d'ici.

« Je rends le Gouvernement de la République d'Haïti responsable de tous dommages directs ou indirects qui seraient causés, à ladite raison sociale, par le fait d'une procédure violant la situation de droit ci-dessus.

« Le Ministre-résident de l'empire allemand,

« ZIMMERER. »

En réponse, le soussigné fait savoir à M. le Ministre-résident d'Allemagne que, par le fait seul que la justice souveraine s'est prononcée librement et définitivement sur les règlements quelconques intervenus entre les sieurs F. Herrmann & C° et les sieurs S. Lafontant et P. Faine, alors Secrétaires d'Etat, le Gouvernement d'Haïti n'a pas entendu admettre et ne peut admettre l'existence de cette prétendue situation de droit.

Si le Gouvernement d'Haïti, sur la demande réitérée tant des sieurs F. Herrmann & C° que du sieur Reimbold lui-même, a accepté de leur accorder la même faveur, faite à divers condamnés dans des cas analogues, ce fut un acte de bienveillance de sa part envers la maison F. Herrmann & C°, et en raison surtout de vos démarches officieuses près du Président de la République.

Le Gouvernement ne peut donc que regretter que l'attitude intransigeante de cette même maison ait rendu cette faveur impossible.

Le Secrétaire d'Etat au département
des relations extérieures,
H.-Pauléus Sannon.

Port-au-Prince, le 6 juin 1907.

A la Commission de liquidation du procès de la Consolidation.

Messieurs,

Mon collègue des relations extérieures, par sa dépêche du 6 juin, que je vous envoie sous ce pli en communication, m'avise de ce qui suit, conformément à la décision du Conseil des Secrétaires d'Etat en date du 4 juin courant :

« Par suite de l'entente intervenue entre notre Légation à Berlin et le Gouvernement

Impérial d'Allemagne, entente ayant pour but de mettre fin aux difficultés survenues entre le Gouvernement haïtien et la maison allemande F. Hermann et Cie à l'occasion de l'exécution du jugement rendu contre ladite maison le 30 juillet 1906 par le tribunal civil de Port-au-Prince,

« Il a été convenu et arrêté de part et d'autre que le capital de $ 200,638.67 or américain, à 1 0/0 d'intérêt par mois, à partir du 24 février 1899 — capital constaté par lettre de M. Michaelle du 15 mars 1899 et de M. Lafontant du 18 mars 1899 — sur la base du règlement des valeurs versées, et suivant les dates de ces versements, — pour intérêts et amortissement graduel de la Dette du Gouvernement haïtien envers la maison F. Hermann et Cie.

« C'est donc sur cette base que doit être établi le compte des valeurs touchées en plus par ladite maison F. Hermann et Cie et que celle-ci doit restituer au Trésor public.

« La maison F. Hermann et Cie devra, en outre, remettre au Gouvernement haïtien une valeur de 343,148.51 en titres 6 0/0 (ancien 12 0/0) sans rien en recevoir en retour de celui-ci.

« J'ai l'avantage de vous transmettre, à telles fins que de droit, en même temps que ces indications, le compte détaillé des intérêts et amortissements touchés en plus par ladite maison F. Hermann et Cie jusqu'au 31 décembre 1905, s'élevant à la somme de $ 44,216.87 or. »

Je vous remets également le compte précité que vous voudrez bien examiner.

Vous appellerez ensuite MM. F. Hermann et Cie dans le sein de la Commission pour le règlement que vous êtes chargés de faire avec eux.

Je vous renouvelle, Messieurs, les assurances de ma considération distinguée.

F. MARCELIN.

Dans ce même mois de janvier, la Commission d'enquête administrative et de vérification cessa d'exister :

Port-au-Prince, le 12 janvier 1907.

Au Secrétaire d'Etat des finances.

Monsieur le Secrétaire d'Etat,

A la suite du procès de la Consolidation, dont le pays tire de si considérables bénéfices tant matériels que moraux, je décidai de confier à la Commission qui mena avec une si merveilleuse sagacité et un si éclatant patriotisme l'enquête préalable et préparatoire au jugement en justice de cette fraude colossale, la nouvelle mission de faire la lumière sur les conditions de réalisation et sur l'emploi de l'emprunt extérieur 1896 de 50,000,000 de francs.

Vous devez vous souvenir, Monsieur le Secrétaire d'Etat, de la situation embarrassée où, avant le procès de la Consolidation, se trouvait le Trésor public. Le crédit national à l'étranger n'était plus qu'un souvenir ; la moralité et la régularité avaient disparu de la régie des finances publiques.

La Commission d'enquête administrative, par ses importants travaux, mit la justice en mesure de punir toutes les turpitudes accomplies au détriment du pays et de lui en faire obtenir réparation. Aujourd'hui, grâce à cette œuvre dont je fais la gloire de mon règne, le crédit national se relève ; nos recettes retournées à leur destination normale ont amoindri notre Dette ; notre disponible sert à nos dépenses et l'honnêteté est plus en honneur dans la manutention des fonds d'Etat.

Or, MM. les membres de la Commission d'enquête ayant achevé leur seconde mission et ayant remis leur dernier rapport, le Gouvernement croit utile que vous leur faisiez savoir que, par le fait, la Commission est dissoute.

Votre département recevra d'eux, pour être acheminés aux archives d'où ils avaient été extraits tous les pièces et documents qui leur ont servi.

Recevez, Monsieur le Secrétaire d'Etat, l'assurance de ma haute considération.

Nord Alexis.

Port-au-Prince, le 14 janvier 1907.

A la Commission d'enquête administrative et de vérification.

Messieurs,

Son Excellence le Président de la République, par sa dépêche en date du 12 courant, au n° 710, tout en me rappelant les services que vous avez rendus au Gouvernement par l'enquête dont vous aviez été chargés et qui a permis à la justice de se prononcer sur des détournements effectués au préjudice du Trésor public, m'a également entretenu de la dernière mission qui vous a été confiée, celle de faire la lumière sur les conditions de réalisation et sur l'emploi de l'emprunt de 50,000,000 de francs.

Cette dernière mission ayant pris fin, puisque votre rapport définitif a été soumis au Gouvernement, le Chef de l'Etat m'a informé que la Commission est dissoute.

En vous faisant part de cette décision, je vous prie de faire aboutir aux archives d'où ils ont été extraits toutes les pièces et documents que vous avez en votre possession.

Veuillez agréer, Messieurs, les assurances de ma considération très distinguée.

F. Marcelin.

On a vu que c'est après que le rapport final sur l'emprunt de 50,000,000 de francs fut soumis au Gouvernement que la Commission fut dissoute.

Ce rapport n'avait guère été favorable à ma gestion comme ministre des Finances sous Hyppolite. A la page 20, il disait notamment : « C'est ainsi que, continuant la pratique de cette politique financière néfaste, le 96 2/3 centimes par 100 livres de café qui étaient libres jusqu'au vote du budget de l'exercice 1894-1895 furent affectés dans le cours de cette année budgétaire à garantir les emprunts des 11 juin et 23 juillet 1895. Il ne restait plus rien des droits d'exportation sur nos principales denrées. On était condamné — puisque l'on ne voulait changer ni de route, ni de système — à ne vivre que d'emprunts jusqu'au... »

On oublia d'ajouter que ces 0,96 2/3 centimes avaient été dégagés par moi, que je protestai contre leur affectation par les Chambres à des emprunts pour solder un déficit budgéraire créé par ces mêmes Chambres et que je préférai me retirer que d'y souscrire. Au reste, dans le rapport, c'est à peine si on effleura d'une main légère la disposition illégale des fonds consacrés par la loi au retrait du papier-monnaie. On ne conclut pas à une responsabilité légale, bien que ce fût une somme de 1,287,390 dollars 67 qui aurait dû être affectée à ce retrait après les différentes opérations de liquidation prévues par la loi sur l'emprunt de 50,000,000.

Pourtant, M. Ferrère, secrétaire d'Etat par intérim des Finances, dans sa dépêche du 26 octobre 1904, disait à la Commission d'enquête : « Vous examinerez dans leurs moindres détails l'emploi des valeurs provenant de la vente des obligations de l'Emprunt de 50,000,000, les opérations effectuées au moyen de ces fonds, en indiquant toutes celles faites contrairement aux dispositions des loi et arrêté des 28 septembre 1895 et 12 mars 1896. »

L'article 7 de l'arrêté présidentiel du 12 mars, pris en conformité de la loi du 28 septembre 1895, s'exprimait ainsi :

Art. 7. — Le prix de ces obligations est fixé à 400 francs, soit 80 0/0 de leur valeur nominale, tant pour l'application à en faire à la conversion des Bons et créances à éteindre qui sont ci-dessus désignés à l'article 8, *qu'en ce qui concerne les oblitions à émettre en vue du rachat du papier-monnaie.*

Dans ce même rapport sur l'emprunt de

1896, à la page 54, on lit cette lettre adressée le 20 mars 1896 à la Banque Nationale d'Haïti par le ministre des Finances :

Monsieur le Directeur,

Je vous autorise à tirer des 5,000,000 qui doivent être mis à la disposition du gouvernement sur le montant effectif des obligations de l'emprunt de 40,000,000 de francs les valeurs suivantes :

1° 2,150,389 fr. 70 destinés à rembourser les $ 403,195.07 or, solde bénéfice de la frappe ;

2° Etc., etc.

Or, en prenant les rênes des finances, fin décembre 1894, mon successeur avait déclaré :

« A part les sommes recouvrées qui se trouvaient en dépôt à la Banque pour le service de la Dette intérieure, des emprunts, de deux dettes convertie et consolidée, etc., etc..., l'encaisse de cet établissement ne présentait comme fonds disponibles que $ 94,366.61 billets et 18,616.56 or. »

Il y avait peut-être lieu de se rappeler, et la Commission aussi, que le mois de décembre était payé à l'avance dans la République et qu'il y avait absolument intact le bénéfice de la frappe, soit environ 700,000 dollars, sur lequel bénéfice, la Banque ayant sans doute fait des avances à l'Etat, on eut à rembourser encore en mars 1896 une somme de 403,195.07 dollars.

Mais la politique, si elle fait se souvenir de bien des choses, en fait oublier davantage... C'est ainsi qu'on a vu dernièrement notre gouvernement être très aise de trouver intacts les 2,000,000 de nickel fabriqués à son intention à New-York par le général Nord Alexis. Cela n'a pas empêché de crier à tue-tête contre ces deux millions qui n'avaient été demandés que pour garantir la paix, et que, en fait, on ne fut pas si pressé que cela de faire fabriquer, puisque le premier envoi n'arriva que huit ou dix jours après la chute. En bonne logique, la Révolution aurait dû les faire jeter à la mer, attendu que l'un de ses griefs principaux contre le régime qu'elle avait renversé, c'était cette mauvaise monnaie... Elle n'en fit rien, et elle eut raison, car elle lui a rendu des services... Qu'aurait-elle pu faire sans elle, puisqu'elle a été obligée de prendre pour vivre même des fonds qui ne lui appartenaient pas ? J'entends par là les deux tiers restant à verser aux sinistrés de Port-au-Prince, dont si l'intégralité ne fut pas payée avant le 2 décembre, la faute a été, non pas à l'État, mais bien aux lenteurs de la Commission de répartition. Dans tous les cas, la loi indiquait formellement que les deux millions de nickel devaient acquitter cette dette. Aucune argutie ne peut prévaloir contre cette disposition.

Si je me suis laissé entraîner à ces réflexions sur le rapport de la Commission à propos de l'emprunt des 50,000,000, c'est que j'ai lu dernièrement dans un journal de

Port-au-Prince que j'avais empêché ledit rapport d'être publié, que je l'avais systématiquement tenu sous le boisseau, qu'on n'avait pu en trouver trace nulle part, que je l'avais sans doute gardé par devers moi, qu'enfin c'était grâce au patriotisme bien connu d'un honorable concitoyen, qui en avait conservé précieusement copie, que ce monument a pu être conservé aux siècles futurs. Or, après avoir écrit maintes lettres à la Commission pour hâter le dépôt de ses conclusions, voici ce que j'avais fait du monument dès que je l'avais reçu :

Port-au-Prince, le 12 février 1907.

Au Secrétaire d'Etat au département de la justice.

Mon cher collègue,

Je vous confirme ma lettre du 16 janvier dernier, au n° 671, par laquelle je vous ai envoyé le rapport final de la Commission d'enquête sur l'emprunt de 50,000,000 de francs.

Je prends la liberté d'appeler toute votre

attention sur l'intérêt qu'ont le pays et mon département à provoquer une décision judiciaire sur les conclusions dudit rapport.

En effet, il importe au plus haut point, pour la sauvegarde de nos finances, que cette affaire si longtemps retardée reçoive enfin sa solution.

Je me permets de compter dans la circonstance sur le zèle habituel du département de la justice.

Agréez, mon cher collègue, l'expression de mes civilités distinguées.

F. MARCELIN.

VII

Toujours préoccupé de trouver de nouvelles ressources au Trésor public, et alarmé de constater la décroissance de celles existantes en face de l'augmentation des dépenses, j'écrivis au Président de la République :

Port-au-Prince, le 21 janvier 1907.

Monsieur le Président,

Le 24 décembre 1906, par ma dépêche au n.º 80, j'ai eu l'honneur d'entretenir Votre Excellence de l'urgente nécessité de faire étendre nos plantations de cacao, car le cacao en ce moment est très recherché à l'étranger et le sera de plus en plus dans l'avenir.

Par contre, le café, je le crains, verra son prix stationnaire ou encore abaissé.

Je demande à Votre Excellence de me permettre de lui confirmer ce rapport du 24 décembre dernier et aussi de profiter de cette occasion pour attirer sa haute attention, toujours préoccupée du bien public, sur la coupe de nos campêches et de tous nos bois d'exportation. Ne pourrait-on pas ordonner aux autorités militaires de la République, de veiller à ce que soient activement coupés, déracinés et vendus pour être expédiés les bois, racines de campêche, de gaïac, de cèdre et tous autres assujettis aux droits de Douane ?

Tous ces bois sont en quantités considérables dans le pays. On en néglige la coupe et la vente par insouciance, par crainte du moindre effort à tenter pour les faire arriver au lieu d'embarquement. Cependant, combien leur exportation serait profitable au pays et au Trésor public !

Peut-être aussi cette insouciance est-elle alimentée, dans une certaine mesure, par le goût du petit négoce dans les campagnes. Si cet idéal devenait l'objectif de nos *habitants* et s'il tendait à leur faire négliger l'industrie agricole qui est leur vraie fortune, ou à les en dégoûter, il serait sage que des règlements sur la matière, pour leur propre bonheur, soient appliqués.

Il n'est pas besoin d'ajouter, car il faut toujours songer à l'avenir, que là où l'on coupe et où l'on déracine, on doit faire de nouvelles plantations.

Aujourd'hui plus que jamais, Monsieur le Président, le département de l'agriculture a pour devoir de s'occuper de l'augmentation de la production nationale sous toutes ses formes: une de ces formes les plus impérieuses est celle qui assure une exportation convenable des produits recherchés à l'extérieur.

Haïti ne peut pas vivre en dehors de ses moyens d'échange avec l'étranger. C'est, du reste, la loi universelle des nations.

La mauvaise situation du café, causée par la surproduction, oblige de trouver d'autres moyens d'échange ou de multiplier ceux qui existent coûte que coûte pour faire face aux charges publiques.

Je prie Votre Excellence de daigner agréer l'hommage de mon profond respect et de mon entier dévouement.

F. MARCELIN.

Parmi les délégués des Finances, il y en avait un qui jouissait de la haute confiance du Président de la République et de la mienne. Il en était digne par sa probité éprouvée, et son intransigeance dans l'exercice de ses fonctions, intransigeance qui lui avait acquis une certaine célébrité dans nos différentes douanes. On y redoutait son arrivée comme un fléau. Les principales maisons de la province priaient leurs amis de Port-au-Prince de les tenir, télégraphiquement, au courant de ses déplacements afin de baser là-dessus leurs opérations. Quand il devait arriver dans telle ville, on se hâtait de vider les halles de la douane de tous les colis de marchandises, par bordereaux approximatifs, ou autrement, et d'embarquer coûte que coûte toutes les denrées. Quand on n'avait pas le temps, ou qu'on était pris à l'improviste, on suspendait systématiquement toute vérification ou expédition. On décrétait la grève. Cette situation, toute à l'honneur du délégué des Finances, présentait cependant de grands dangers, non seulement pour lui, mais pour la chose publique, en excitant des conflits, dont on cachait soigneusement le vrai motif pour en invoquer d'autres. On faisait alors intervenir très souvent les questions politiques uniquement pour se débarrasser de son contrôle. Et je dois avouer que le tempérament du délégué ne l'écartait malheureusement pas assez de ce terrain scabreux. J'avais eu à maintes reprises à le défendre... Une fois, entre autres, des malfaiteurs avaient affiché des placards séditeux au Cap, dans lesquels on criait *Vive* je ne sais qui.

Le délégué des Finances inspectait l'administration de Port-de-Paix. On l'accusa d'être allé, une nuit, au Cap pour coller sur les murs de la ville lesdits placards. Une haute autorité militaire, en voyage à Port-au-Prince, était dans le cabinet du Président pendant qu'on lisait cette calomnieuse dénonciation. Ce général déclara, en tirant à demi son sabre du fourreau, qu'il couperait la tête du délégué s'il osait se montrer dans son arrondissement. Or, le délégué des Finances devait y passer justement, en rentrant de sa tournée, et cette autorité militaire ne tenait pas autrement à sa visite en douane.

Tout cela me rendait assez soucieux quand pour la bonne marche du service public, j'étais obligé de déléguer, ou que la Président déléguait lui-même, ce fonctionnaire en tournée d'inspection. J'avais toujours l'impression que son impopularité de bon aloi pourrait attirer quelque fâcheuse aventure, sous un prétexte quelconque, soit à lui-même, soit à la chose publique...

Voici deux rapports que le général Nord Alexis me fit parvenir de M. Georges Séjourné, car c'est de lui dont il s'agit ici :

Cayes, le 27 février 1907.

A Son Excellence le Président d'Haïti.

Président,

J'ai l'honneur d'informer Votre Excellence que mon travail de récapitulation est entièrement terminé et que j'aurais pris le S. S. Hollandais de ce jour, sans les nombreuses difficultés de tout ordre dressées sur mon chemin par l'Administration.

J'ai dû saisir certains documents nécessaires à la préparation de mon rapport ; mais tous sont faux et démontrent que l'Administration des Cayes s'est montrée coupable envers Votre Excellence d'abus de confiance ; qu'elle a détourné les deniers de l'Etat. Et si, dans un sentiment de haute équité, Votre Excellence décidait d'infliger un châtiment aux coupables, je pourrais, avec ces documents, donner toutes les preuves à conviction.

Ce qui prouve encore plus, Monsieur le Président, que le vice partait de l'Administration des finances elle-même, c'est que, non contente de couvrir les commerçants, le chef de bureau à l'Administration, M. Pierre Paul, a été le premier que j'ai dû frapper pour fausses pièces.

J'ai, en outre, la facture consulaire d'un colis vérifié en novembre, où l'on accuse des jouets pour 27 dollars et supportant 2 doll. 50 de droits ; j'ai la facture réelle qui accuse des dentelles fines.

Il importe d'autant plus de donner satisfaction à la population, en punissant sévèrement les coupables que, pour nuire à mon travail, ils ont mis en jeu : 1° les offres que j'ai repoussées sans scandale ; 2° la politique même et, sur ce point, j'ai dû ma tranquillité au seul calme de l'honorable délégué Antoine Simon, qui a gardé l'attitude la plus digne et la plus correcte.

J'ai l'honneur d'être, de Votre Excellence, Président, le très humble et très dévoué serviteur. GEORGES SÉJOURNÉ.

P.-S. — Je ne puis encore partir, ma présence étant nécessaire. Ainsi, pour ce steamer, tous les tissus, tout le tabac, ont été frappés par moi d'export pour fausses pièces. G. S.

N° 12. — *Cayes, le 5 mars 1907.*

Georges Séjourné, Délégué spécial des départements des finances et du commerce près les Administrations financières et douanières de la République, à Son Excellence le Président d'Haïti.

Président,

J'ai l'honneur d'accuser réception à Votre Excellence de ses deux dépêches d'hier. Pour ce qui concerne M. Silvera, je répondrai en fin de rapport ; mais, pour ce qui touche la douane et l'administration, les télégrammes sont mensongers et constituent l'intrigue de toute une Société organisée dans le but de s'enrichir aux dépens de l'Etat, contre un fonctionnaire, investi de votre haute confiance, scrupuleux et sévère et empêchant par conséquent toute fraude.

Je suis en douane aux heures de bureau, pendant même que se prélassent l'administrateur et le directeur de la douane, que je suis souvent obligé de faire chercher, ce matin entre autres, pour l'expédition de l'Allemand.

Président, si on peut mentir à Votre Excellence en prétextant de mon absence, je puis accuser gravement les autres. J'adresse à Monsieur le Secrétaire d'Etat des finances, par ce même courrier, un rapport préliminaire sur l'Administration. A Votre Excellence, je signale d'autre irrégularités, des faits qui constituent un acte d'accusation contre une administration.

Tabac. — Par ce courrier, je n'envoie que la partie concernant le tabac. Je reviendrai sur les tissus, après.

MOIS	EXPÉDITEURS	CONSIGNATAIRES	POIDS brut	POIDS net	CUBAGE
Octob.	H. Bohme (New-York)	Munchmeyer	$3.450	$2.730	171
»	Straller »	Roberts Dutton & Cie	»	14.399	677
»	Kouri »	Silvera	1.850	1.490	62
				$18.619	910

On accuse pour 910 pieds cubes : $18.619 ; or, par la méthode commerciale, à raison de $45 net, poids français par pied cube, on devrait avoir : $40.950 net.

Pendant mon séjour :

Fév. 07	1. Martin Bros (N.-Y.)	Pierre-Paul	$500	$400	64
»	2. Kanzar »	Neptune	295	250	317
»	3. Kanzar »	Munchmeyer	1.720	1.340	53
»	4. Kanzar »	Meyer	650	570	36

Mis à l'export pour fausses pièces, ces quatre négociants ont donné leurs déclarations s'élevant à $7.025.

Mis à l'export pour fausses pièces, ces quatre négociants ont donné leurs déclarations s'élevant à $ 7,025.

Ainsi donc, Président, tirant une déduction de la moyenne obtenue pendant mon séjour, j'arrive au chiffre de $ 40 net par pied cube. Donc, par les deux méthodes, la douane, l'administration et le haut contrôle des Cayes, se sont rendus coupables de détournement envers l'Etat, car, il y a aux Cayes un pescur à l'importation.

Donc, on a accusé $ 18,000 de tabac, quand il en est entré $ 40,000, et ceci pour trois maisons, pendant le seul mois d'octobre. Et le tabac paie, comme premier droit, 0.10 or la livre !

Ce genre de contrebande était si bien connu, que le Chef de bureau de l'administration, M. A. Pierre-Paul, qui en usait, a été le premier importateur frappé par moi.

Pour les tissus, je continue mes travaux, mais, j'ai masse de factures fausses.

Un seul indice suffit à prouver à Votre Excellence la sincérité de mes travaux. Trouvant un jeune interprète, très intelligent, de bonne volonté et honnête, je l'ai dressé et, depuis mon arrivée, il met régulièrement à l'exportation, pour fausses pièces, les tissus et le tabac, toutes les pièces étant fausses. C'est là l'origine de la colère de M. Silvera et, par le tableau que j'adresse à Votre Excellence, des mises à l'export pour fausses pièces, Silvera y est pour tous ses colis, dont les factures consulaires représentaient le quart de la facture réelle, soit trois quarts que l'Etat aurait perdu sans mon contrôle.

J'ai l'honneur d'être de Votre Excellence, Monsieur le Président, le très humble et très dévoué serviteur.

GEORGES SÉJOURNÉ.

Les délégués des Finances n'échappaient pas, on le voit, à cette règle qui veut que les fonctionnaires de toutes les branches de notre administration fassent directement leurs rapports au chef de l'Etat. Ils mettaient leur ministre au courant, il est vrai. Mais après, et beaucoup de fonctionnaires négligeaient même de le faire, malgré tout ce qu'on pouvait leur dire. On comprend combien cette centralisation était funeste à la régularité des affaires publiques, soit que des rapports importants restassent sans réponse, soit que d'autres, encore plus importants, fussent omis d'être portés à la connaissance du Département duquel ils relevaient.

Le *Moniteur* du 11 mai 1907, publia la loi suivante :

NORD ALEXIS,
Président de la République.

Vu l'article 69 de la Constitution,

Considérant que, malgré la lourde charge que le pays s'est imposée, pour retraiter à bref délai le papier-monnaie, le change est resté anormal ;

Que la cause de cette hausse est en partie dans la baisse du café à l'étranger ;

Que cette baisse persistante a profondément altéré l'économie de plusieurs des lois existantes ;

Que si, en effet, d'un côté elle a amené, à l'importation, une diminution notable des recettes de l'Etat, de l'autre elle a occasionné un ralentissement marqué dans les livraisons de café à l'exportation, par suite des bas prix payés sur place pour cette denrée ;

Considérant que, par les brûlements successifs qui ont eu lieu, il a été retiré de la circulation près de 6,000,000 de gourdes et que déjà la diminution du papier, notre principal instrument d'échange intérieur, se fait sentir ;

Considérant enfin que, s'il a été nécessaire d'augmenter les droits d'importation l'année dernière pour activer le retrait du papier-monnaie, le but est atteint, et qu'il convient, dès lors, de diminuer ces droits tant dans l'intérêt du commerce que dans celui du consommateur et de l'Etat ;

Sur le rapport du Secrétaire d'Etat des finances et du commerce,

Et de l'avis du Conseil des Secrétaire d'Etat,

A proposé

Et le Corps législatif a voté d'urgence la loi suivante :

Art. 1er. — Le produit des affectations prévues par les lois du 11 août 1903, du 21 août 1906, et toutes celles prévues par des lois antérieures ou actuelles pour le retrait du papier-monnaie, reviendra au service courant, moins les valeurs dues à la Commission du retrait, dès que le montant des valeurs retirées de la circulation aura atteint 6,000,000 de gourdes.

Les valeurs déjà encaissées sous le régime de ces lois en sus des six millions (6,000,000), et toutes celles qui seront encaissées ultérieurement de ce chef, seront consacrées au service courant.

Art. 2. — A partir du 1er octobre 1907, les

brisures et résidus de café paieront par 100 livres 2 dollars 1/2 or.

1 dollar 1/2 de ces droits sera affecté au retrait du papier-monnaie et 1 dollar au service courant.

La valeur affectée au retrait sera convertie en papier-monnaie, au taux du jour, le 1er de chaque mois, et les billets provenant de cette conversion seront classés, perforés et livrés aux flammes par les soins d'une Commission non salariée, nommée par le Président d'Haïti, composée de trois députés, de deux sénateurs et de deux commerçants haïtiens.

Le brûlement en sera effectué le 15 de chaque mois, sous la surveillance de ladite Commission et en présence du Commissaire du Gouvernement près la Banque et la Recette générale, d'un délégué du département des finances, d'un membre de la Chambre des Comptes, du Commissaire du Gouvernement près le tribunal civil, du juge de paix, du magistrat communal de Port-au-Prince et du commandant de la place.

Procès-verbal de cette opération sera dressé et publié au prochain numéro du *Journal officiel*.

Il sera publié en même temps que ce procès-verbal un état indiquant, par administration financière, la provenance des valeurs encaissées pour le retrait et le taux de leur conversion en papier.

Art. 3. — Au 1ᵉʳ juin 1907, les droits d'importation sur les marchandises et produits cesseront d'être perçus selon le mode établi par la loi du 21 août 1906.

Les marchandises et produits arrivés de l'étranger à partir de cette date paieront les droits fixés par le tarif, augmentés des surtaxes de 50 0/0 et de 33 1/3 0/0 sur ces droits en gourdes, et d'une surtaxe de 25 0/0 exclusivement en or américain calculée sur la somme des taxes et surtaxes réunies tels que ces droits se percevaient antérieurement à la loi du 21 août 1906.

Art. 4. — Les droits de tonnage, y compris les droits additionnels de 50 0/0 et de 33 1/3 0/0 et la surtaxe de 25 0/0 continueront à être perçus en or américain.

Art. 5. — La présente loi abroge toutes lois et dispositions de loi qui lui sont contraires. Elle sera exécutée à la diligence du Secrétaire d'Etat des finances et du commerce.

Donné à la Chambre des Représentants, à Port-au-Prince, le 6 mai 1907, an 104ᵉ de l'Indépendance.

Le Président de la Chambre,
S. ARCHER.

Les Secrétaires :
G. DESROSIERS, LOUIS BRUTUS.

Donné à la Maison Nationale, à Port-au-Prince, le 10 mai 1907, an 104e de l'Indépendance.

    Le Président du Sénat,
     T.-A. DUPITON.

Les Secrétaires :
E. CINÉAS, DIOGÈNE LEREBOURS.

Au nom de la République.

Le Président d'Haïti ordonne que la loi ci-dessus du Corps législatif soit revêtue du sceau de la République, imprimée, publiée et exécutée.

Donné au Palais National, à Port-au-Prince, le 10 mai 1907, an 104e de l'Indépendance.

      NORD ALEXIS.

Par le Président :
  Le Secrétaire d'Etat des finances
    et du commerce,
      F. MARCELIN.

J'ai déjà dit, et je le répète, que j'ai à me reprocher d'avoir consenti à faire rapporter la loi du 21 août 1906. Mais le véritable motif qui détermina cette abrogation fût encore, et toujours, la nécessité de trouver des ressources au Gouvernement en présence de ses dépenses qui, loin de diminuer, augmentaient dans de très fortes proportions.

C'est dans son article premier que réside toute l'économie de cette nouvelle loi du 10 mai 1907, économie qui n'était pas dans l'intérêt bien compris du pays. Mais on ne voit pas encore l'époque où un ministre des Finances haïtien sera, en face d'une mesure à prendre, totalement dégagé de la nécessité absolue de songer d'abord à faire vivre l'Etat...

Voici une série de dépêches qui attestent de quelle vigilance le service de la Recette et de la Dépense était l'objet de ma part :

Port-au-Prince, le 13 juillet 1907.

Au Directeur général de la Recette
et de la Dépense.

Monsieur le Directeur,

Vous délivrez des chèques sur les bureaux de la Recette et de la Dépense de la République pour le service des pensions, appointements et autres allocations budgétaires payables à quinze et vingt jours de vue. Il arrive que ce procédé condamnable à tous les points de vue donne lieu à des escomptes de feuilles, et ce sont les directeurs des bureaux de la Recette et de la Dépense et les payeurs des arrondissements qui en profitent peut-être au détriment des pensionnaires, fonctionnaires et employés, etc. Je vous enjoins de le faire cesser.

Les chèques ne seront tirés désormais qu'à vue sur les encaisses effectives.

Si, pour le paiement de la ration de l'armée, de même que pour celui des autres dépenses du service courant, vous n'avez pas de fonds dans un chef-lieu d'arrondissement financier, vous vous entendrez avec une des maisons de commerce en rapport avec vous qui fera ainsi des versements pour compte du Gouvernement.

Veuillez m'accuser réception de la présente dépêche et recevez, Monsieur le Directeur, les assurances de ma considération distinguée.

F. Marcelin.

Port-au-Prince, le 15 juillet 1907.

Au Directeur général de la Recette
et de la Dépense.

Monsieur le Directeur,

Je vous envoie sous ce pli copie du rapport que m'a adressé l'Inspecteur Séjourné, sous la date du 9 juillet courant, au n° 1. Il y est clairement démontré qu'aucun contrôle n'est exercé sur les encaissements effectués à Jérémie pour compte de l'Etat.

Les déficits en gourdes et en or relatés dans ce rapport impliquent que le Directeur de la Recette de Jérémie vous cachait le montant exact des recettes. Il paraît qu'au Bureau central, aucun effort n'est fait pour empêcher de tels détournements. Il faut tenir en haleine les chefs des bureaux de Trésorerie, les obliger à vous rendre compte de leurs encaissements que vous devez contrôler minutieusement.

Vous avez tout intérêt à ce que partout le service ne laisse rien à désirer. Le Département a pleine confiance en vous. Vous devez donc justifier cette confiance, notez-le bien, par votre énergie, votre activité et une impression rigoureuse des principes de régularité et de probité dans les bureaux de Trésorerie relevant de vous.

Veuillez agréer, Monsieur le Directeur, les assurances de ma considération très distinguée.

F. MARCELIN.

Port-au-Prince, le 15 juillet 1907.

Monsieur le Directeur,

Le système que vous avez adopté de délivrer des chèques payables à terme, en laissant de fortes valeurs aux mains des Directeurs de la Recette et de la Dépense, les porte à des transactions auxquelles ils n'ont point le droit de se livrer, engage les fonds de l'Etat et compromet ainsi le service public par des déficits dont on ne peut espérer le remboursement.

A ce propos, je crois devoir extraire le passage suivant, que je soumets à votre méditation, d'un rapport que m'a adressé l'Inspecteur Séjourné, le 10 juillet courant, au n° 1 :

« J'ai l'honneur de soumettre à votre haute
« attention les considérations suivantes tou-
« chant les fonds en dépôts dans les coffres
« des Trésoreries provinciales.

« *Risques*. — Ils sont sujets à différentes
« tentations :
« 1º Leur dissipation. Des cas peuvent se
« présenter où un Trésorier, embarrassé, tirera
« de la caisse sans compter et par petites
« valeurs, jusqu'au jour où une inspection
« sérieuse découvrira son déficit.
« 2º Leur emploi. On peut trouver encore
« ce cas du Trésorier travaillant l'argent sous
« différentes formes : soit en partie effective
« des fonds ; soit en avançant, moyennant inté-
« rêts ; soit en laissant l'argent dans le com-
« merce, en acceptant des bons en couverture.
« 3º En général, dans notre pays, beaucoup
« de gens comptent sur le désordre et l'im-
« prévu...
« *Garanties*. — Il y a donc à livrer une
« Caisse, souvent très importante, à la seule
« liberté d'un Trésorier, de très grands ris-
« ques et même des craintes. »

J'ai appelé plus d'une fois votre attention sur ce point. Je ne dois plus y revenir.

Il faut, coûte que coûte, que les bureaux de la Recette et de la Dépense fonctionnent avec la plus grande régularité. Pour y parvenir, mon Département ne reculera devant aucun moyen, quel qu'il soit.

Hier, c'était la Trésorerie du Petit-Goâve qui présentait le spectacle d'un déficit au préjudice de la Caisse publique, aujourd'hui c'est celle de Jérémie.

Il peut avoir d'autres déficits à relever ailleurs. Le service de votre comptabilité les a-t-il déjà constatés ? Je désire être renseigné à ce sujet dans les vingt-quatre heures de la réception de la présente dépêche.

C'est une question importante que vous ne devez point perdre de vue. Votre responsabilité y est tout aussi bien engagée que celle de vos auxiliaires.

Votre contrôle doit être absolument effectif. C'est ainsi que vous tiendrez en éveil les directeurs des bureaux de Trésorerie, et les deniers de l'Etat seront respectés.

Veuillez agréer, Monsieur le Directeur, les assurances de ma considération très distinguée.

F. MARCELIN.

Port-au-Prince, 15 *juillet* 1907.

Monsieur le Président,

Le Département, à la date du 6 juin 1907, soupçonnant que la Recette de Jérémie était loin d'être régulière, y délégua l'Inspecteur général des finances Séjourné pour contrôler la comptabilité et la caisse.

Un déficit énorme de 3,358.19 gourdes et 2,034.60 or, moins 277.03 monnaie Salomon à 50 0/0, fut constaté dans la caisse du directeur de cette Recette.

Comment une telle situation a-t-elle pu se produire et durer ?

M. Séjourné, dans son rapport du 9 juillet courant, répond :

« Au 31 décembre, une grave erreur était à
« relever : la Trésorerie, en réglant les man-
« dats définitifs SS Croatia du 31 décembre,
« avait fait entrer les définitifs au Doit, chassé
« à l'Avoir les approximatifs ; mais ces
« approximatifs n'avaient pas figuré dans la
« caisse au moment de leur émission. Ce ne
« sera que beaucoup plus tard que la Direction
« générale de la Recette à Port-au-Prince relè-
« vera cette erreur. Je m'arrête à ce fait pour
« montrer combien une négligence ou une
« insuffisance dans le contrôle à Port-au-
« Prince peut entraîner d'ennuis administra-
« tifs. »

Plus loin, dans ce même rapport, M. Séjourné ajoute :

« Il me reste donc à rechercher comment un
« si lourd déficit, qui, suivant toute apparence,
« remonterait à plus de sept mois, a pu passer
« si longtemps sous silence à la Recette de
« Port-au-Prince.

« Les instructions particulières de M. le
« Directeur général de la Recette à ses directeurs particuliers en provinces sont précises :
« ces Trésoreries provinciales ne doivent gar-
« der pour les remboursements qu'une en-
« caisse maximum de 1,000 gourdes et de
« 500 dollars.

« Comment donc la Trésorerie peut-elle con-
« tinuer des relations avec une de ses agences
« qu'elle remarque en déficit, sans porter le
« fait à la connaissance du Département ?

« La Recette générale aura à répondre sur
« ce point.

« J'en profite pour faire remarquer au Dépar-
« tement que cette coutume de livrer la caisse
« à la bonne foi d'un trésorier peut entraîner
« de graves dommages. »

D'un autre côté, dans son rapport-annexe
1 *bis*, M. Séjourné s'exprime ainsi :

« J'ai l'honneur de soumettre à votre haute
« attention les considérations suivantes tou-
« chant les fonds en dépôt dans les coffres des
« trésoreries provinciales.

« *Risques*. — Ils sont sujets à différentes ten-
« tations :

« 1° Leur dissipation. — Des cas peuvent se
« présenter où un trésorier embarrassé tirera
« de la caisse sans compter et par petites

« valeurs, jusqu'au jour où une inspection
« découvrira son déficit.

« 2° Leur emploi. — On peut trouver encore
« ce cas du trésorier travaillant l'argent sous
« différentes formes : soit en partie effective
« des fonds ; soit en avançant, moyennant
« intérêts ; soit en laissant l'argent dans le
« commerce, en acceptant des bons en couver-
« ture.

« 3° En général, dans notre pays, beaucoup
« de gens comptent sur le désordre et l'im-
« prévu...

« Il y a donc, à livrer une caisse, souvent
« très importante, à la seule liberté d'un tré-
« sorier, de très grands risques et même des
« craintes. »

Il est malheureusement évident que le contrôle de la Comptabilité centrale à Port-au-
Prince gagnerait à être plus effectif. J'ai eu
déjà l'honneur d'appeler la haute attention de
Votre Excellence sur ce sujet. Aujourd'hui, il
ressort de la nouvelle constatation faite à Jérémie qu'on ne connaît pas, à la Recette générale, d'une façon assez rationnelle les existants
en caisse dans les Recettes des autres villes
et que des bons peuvent même être donnés
pour des mandats émis et cependant portés au
Livre de caisse.

Je me permets encore de croire que le meilleur remède à appliquer à ce mal serait dans la nomination, à côté du Directeur général de la Recette, d'un fonctionnaire absolument à la hauteur de son devoir et qui, par son titre et par son autorité morale, aurait la surveillance entière et réelle des agences. Il aurait naturellement sous ses ordres et sa responsabilité directe tout le personnel de la comptabilité à Port-au-Prince.

Seul, un contrôle sérieux, quotidiennement en éveil, pourra, au moindre soupçon, frapper à temps et arrêter le mal avant des déficits comme celui de Jérémie. Et cette crainte salutaire une fois imprimée qu'on a l'œil, à la Recette générale, ouvert chaque jour, chaque heure sur les moindres chiffres des provinces, que ces chiffres sont contrôlés, vérifiés, discutés instantanément, suffira, presque toujours, à éviter bien des mécomptes à l'Etat.

Ce haut fonctionnaire centraliserait nécessairement l'autorité à l'intérieur sur tout le personnel de la Recette pour le maintien de l'ordre et de la discipline. Car, n'est-il pas à craindre, malgré toute la bonne volonté du Directeur général, que, appelé qu'il est, de par la nature même de ses fonctions, à être souvent dehors, l'autorité et la discipline à l'intérieur d'un bureau aussi important n'arrivent à souffrir ? Je ne parle que des absences momentanées. Il serait aussi d'une sage prudence d'envisager les cas de maladie.

Je prie Votre Excellence de m'excuser de m'appesantir sur ce sujet, mais je suis persuadé qu'il est de mon devoir et de mon dévouement absolu à Son Gouvernement de préserver de toute atteinte dans l'avenir et de toute critique dans le présent l'œuvre nationale de la Recette générale.

Daignez agréer, Monsieur le Président, l'hommage de tout mon respect et de toute ma fidélité.

F. MARCELIN.

Port-au-Prince, le 16 juillet 1907.

A Son Excellence le Président de la République.

Monsieur le Président,

En parcourant le rapport que M. l'inspecteur général Séjourné a présenté sur la situation du Directeur de la Recette et de la Dépense de Jérémie, j'ai été vivement impressionné à la lecture d'un état où se trouvent consignées des valeurs versées par M. Lataillade à divers fonctionnaires, sans aucun ordre de mon département.

Devant la gravité du fait, j'ai dû immédiatement adresser la dépêche suivante à M. Pressoir, directeur général de la Recette et de la Dépense :

« Monsieur le Directeur,

« Dans un état annexé au rapport que vient de m'expédier l'inspecteur Séjourné, sur la situation de M. Lataillade, le Directeur de la Recette et de la Dépense à Jérémie, figurent des sorties de fonds en faveur de divers fonctionnaires sans aucun ordre de mon département.

« Cette façon de faire constitue un véritable désordre.

« Pour en prévenir le retour dans d'autres services de Trésorerie, je vous enjoins de passer aujourd'hui même des instructions à tous les Directeurs de la Recette et de la Dépense. Vous leur direz que, seul, le département des finances a le droit de tirer sur la Caisse publique. Toute sortie de fonds faite sans un ordre émané du chef de ce département constitue un détournement des recettes de l'État, passible, par conséquent, tant pour le fonctionnaire qui s'en sera rendu coupable que pour ceux qui en auront profité, de toutes les peines édictées par le Code pénal. »

Pour faire suite à cette lettre, j'ai l'honneur

de soumettre à la haute attention de Votre Excellence copie du relevé des sommes comptées à des fonctionnaires par le trésorier de Jérémie.

Ainsi que Votre Excellence le verra bien, tous les noms qui figurent dans cette liste sont, à l'exception de celui de M...., ceux de fonctionnaires du Gouvernement. Ils doivent restituer immédiatement l'argent qu'ils ont indûment touché. J'ai écrit dans ce sens au Directeur général de la Recette et de la Dépense.

Il importe que de tels faits, dont la gravité ne saurait échapper à personne, soient vite réprimés pour qu'ils ne se renouvellent plus. Car les tolérer, permettre de puiser dans la Caisse publique comme si elle était la sienne propre, serait conduire la République à sa ruine.

Je suis persuadé que Votre Excellence donnera sa complète approbation à la dépêche n° 1231, adressée au Directeur général de la Recette et de la Dépense, à propos de ces détournements.

Daignez agréer, Monsieur le Président, l'hommage respectueux de mon entier dévouement.

F. MARCELIN.

P.-S. — Je remets également à Votre Excellence copie d'une dépêche que j'adresse à l'instant au Directeur général de la Recette et de la

Dépense pour l'inviter à poursuivre sans délai la restitution des valeurs indûment touchées.

F. MARCELIN.

On en ferait une fausse appréciation si de ces dépêches on tirait cette conséquence que le service de notre Trésorerie allait mal. Cette conclusion serait inexacte. Ce service marchait bien, mais je m'évertuais à réprimer les moindres écarts, ne laissant rien dans l'ombre, et débridant les plaies sans hésitation quand elles se présentaient. Je crois que c'est encore là le meilleur système en matière de perception publique. Grâce à cette méthode rigoureusement employée, les quelques rares fonctionnaires qui faillirent restituèrent les valeurs détournées et l'Etat ne perdit que des sommes insignifiantes.

Le *Moniteur* du 28 août publiait les lois suivantes :

NORD ALEXIS
Président de la République.

Usant de l'initiative que lui accorde l'article 69 de la Constitution ;

Considérant que le droit de transmission sur les effets de commerce tels que lettres de change, chèques émis en Haïti et payables à l'étranger, prévu par la loi du 11 août 1903, constitue une charge trop lourde pour le commerce national ; et qu'il y a lieu, dans ce cas, d'exonérer lesdits effets de ce droit de transmission ;

Sur le rapport du Secrétaire d'Etat des finances et du commerce ;

Et de l'avis du Conseil des Secrétaires d'Etat ;

A proposé

Et le Corps législatif a voté la loi suivante :

Article 1er. — Sont et demeurent rapportées les dispositions de l'article 40 de la loi du 11 août 1903 sur le retrait du papier-monnaie en ce qui concerne le droit de transmission sur les effets de commerce, tels que lettres de change, chèques émis en Haïti et payables à l'étranger.

Art. 2. — La présente loi abroge toutes lois et dispositions de loi qui lui sont contraires. Elle sera exécutée à la diligence du Secrétaire d'Etat des finances et du commerce.

Donné au Palais de la Chambre des Représentants, à Port-au-Prince, le 15 juillet 1907, an 104e de l'Indépendance.

Le Président de la Chambre,
S. ARCHER.

Les secrétaires :
G. DESROSIERS, LOUIS BRUTUS.

Donné à la Maison Nationale, à Port-au-Prince, le 26 juillet 1907, an 104e de l'Indépendance.

Le Président du Sénat,
T.-A. DUPITON.

Les secrétaires :
F. CINÉAS. DIOGÈNE LEREBOURS.

Au nom de la République,

Le Président d'Haïti ordonne que la loi ci-dessus du Corps législatif soit revêtue du sceau de la République, publiée et exécutée.

Donné au Palais national, à Port-au-Prince, le 2 août 1907, an 104e de l'Indépendance.

NORD ALEXIS.

Par le Président :
Le Secrétaire d'État des finances et du commerce,

F. MARCELIN.

NORD ALEXIS
Président de la République.

Usant de l'initiative que lui accorde l'article 69 de la Constitution ;

Considérant que, pour sauvegarder les intérêts de la Nation, le service de la Trésorerie a été retiré de la Banque Nationale d'Haïti et que, de ce chef, son contrôle ne peut plus être exercé sur les billets de l'ancienne émission. dits « billets de la substitution », qu'elle ne reçoit pas à l'encaissement pour le service public ;

Considérant que les billets destinés à être livrés aux flammes sont encaissés par les bureaux de la Recette et de la Dépense et que les opérations du retrait sont effectuées sans aucune participation directe ou indirecte de la Banque Nationale ;

Qu'il y a lieu, dans ce cas, de rapporter l'article 4 de la loi du 29 septembre 1892 en ce qui concerne la commission de 1/2 0/0 allouée à la Banque sur les billets de l'ancienne émission ;

Sur le rapport du Secrétaire d'État des finances et du commerce,

Et de l'avis du Conseil des Secrétaires d'Etat ;

A proposé

Et le Corps législatif a voté la loi suivante :

Article 1er. — Est et demeure rapporté, l'article 4 de la loi du 29 septembre 1892, en ce qui concerne la commission de 1/2 0/0 allouée à la Banque Nationale d'Haïti sur les billets de caisse de l'ancienne émission, dits de la « substitution ».

Art. 2. — La présente loi abroge toutes lois ou dispositions de loi qui lui sont contraires et sera exécutée à la diligence du Secrétaire d'Etat des finances et du commerce.

Donné à la Chambre des députés, à Port-au-Prince, le 15 juillet 1907, an 104ᵉ de l'Indépendance.

Le président,
S. ARCHER.

Les secrétaires :
G. DESROSIERS, LOUIS BRUTUS.

Donné à la Maison Nationale, à Port-au-Prince, le 26 juillet 1907, an 104ᵉ de l'Indépendance.

Le Président du Sénat,
T.-A. DUPITON.

Les secrétaires :
E. CINÉAS, DIOGÈNE LEREBOURS.

Au nom de la République,

Le Président d'Haïti ordonne que la loi ci-dessus du Corps législatif soit revêtue du sceau de la République, publiée et exécutée.

Donné au Palais national, à Port-au-Prince, le 2 août 1907, an 104ᵉ de l'Indépendance.

NORD ALEXIS.

Par le Président :

Le Secrétaire d'Etat des finances et du commerce,
F. MARCELIN.

Nord Alexis

Président de la République.

Usant de l'initiative que lui accorde l'article 69 de la Constitution ;

Considérant qu'aussi bien que les passagers de première classe, il importe de soumettre au droit de passeport les passagers des autres classes embarqués sur les steamers à destination de l'étranger ;

Qu'il y a lieu, dans ce cas, de modifier les articles 72, 73 et 77 de la loi du 11 août 1903 ;

Sur le rapport du Secrétaire d'Etat des finances et du commerce,

Et de l'avis du Conseil des Secrétaires d'Etat ;

A proposé

Et le Corps législatif a voté la loi suivante :

Article 1er. — Sont et demeurent modifiés comme suit :

« Art. 72. — A partir de la promulgation de la présente loi, les personnes voyageant sur le continent américain ou au delà de l'Océan, paieront pour les passagers de première classe cinq dollars, pour ceux de deuxième classe quatre dollars et pour ceux de troisième et de pont trois dollars.

« Pour tout voyage dans les Antilles, ce droit

de passeport sera de deux dollars sans distinction de classe.

« Le droit de passeport sera perçu pour compte de l'Etat par les agents des Compagnies de navigation sur chaque billet de passage.

« Art. 73. — Vingt-quatre heures après le départ d'un steamer, l'agent de la Compagnie à laquelle il appartient expédiera à Port-au-Prince, au Secrétaire d'Etat des finances, une double liste des passagers embarqués sur ce steamer pour l'étranger et contenant l'indication : 1° du nom du navire ; 2° du nom du capitaine ; 3° des noms des passagers ; 4° du port de débarquement de ces derniers ; et 5° du montant des taxes. »

« Art. 77. — Les agents des Compagnies de navigation seront passibles d'une amende de deux cents piastres (P. 200 or) pour chaque passager qu'ils laisseront embarquer sur un des navires de leur Compagnie sans avoir payé le droit de passeport établi par l'article 72. »

Art. 2. — La présente loi abroge toutes lois ou dispositions de loi qui lui sont contraires. Elle sera exécutée à la diligence du Secrétaire d'Etat des finances et du commerce.

Donné au Palais de la Chambre des Repré-

sentants, le 15 juillet 1907, an 104ᵉ de l'Indépendance.
Le Président de la Chambre,
S. ARCHER.
Les secrétaires :
G. DESROSIERS, LOUIS BRUTUS.

Donné à la Maison Nationale, à Port-au-Prince, le 26 juillet 1907, an 104ᵉ de l'Indépendance.
Le Président du Sénat,
T.-A. DUPITON.
Les secrétaires :
E. CINÉAS, DIOGÈNE LEREBOURS.

Au nom de la République,

Le Président d'Haïti ordonne que la loi ci-dessus du Corps législatif soit revêtue du sceau de la République, publiée et exécutée.

Donné au Palais national, à Port-au-Prince, le 2 août 1907, an 104ᵉ de l'Indépendance.
NORD ALEXIS.
Par le Président :
Le Secrétaire d'Etat des finances et du commerce,
F. MARCELIN.

Considérant que les crédits supplémentaires de l'exercice 1906-1907 n'ont pu être couverts, faute de surplus de recette ; qu'il y a lieu, par conséquent, de pourvoir aux voies et moyens nécessaires à couvrir ces crédits ;

Considérant qu'il est aussi nécessaire de faire face aux dépenses de fin dudit exercice ;

La Chambre des Représentants,

Usant de l'initiative que lui accorde l'article 69 de la Constitution,

A proposé

Et le Corps législatif a voté d'urgence la loi suivante :

Article 1er. — Le Secrétaire d'Etat des finances est autorisé à faire une frappe de pièces de nickel s'élevant à deux millions de gourdes (G. 2,000,000), dont un million en pièces de 0.20 centimes et un million en pièces de 0.50 centimes.

Un million cinq cent mille gourdes (G. 1 million 500,000) pour l'exercice en cours et cinq cent mille gourdes (G. 500,000) pour l'exercice 1907-1908.

Art. 2. — Ces pièces porteront d'un côté les armes de la République, au-dessous le chiffre 20 et le chiffre 50, de l'autre l'effigie du Président d'Haïti et l'année de la frappe.

Art. 3. — Le montant de cette frappe sera employé à faire face aux dépenses ci-dessus mentionnées.

Art. 4. — La présente loi abroge toutes lois

ou dispositions de loi qui lui sont contraires. Elle sera exécutée à la diligence du Secrétaire d'Etat des finances.

Donné au Palais de la Chambre des Communes, le 19 août 1907, an 104e de l'Indépendance.

Le Président de la Chambre,
S. ARCHER.

Les secrétaires :
G. DESROSIERS, LOUIS BRUTUS.

Donné à la Maison Nationale, à Port-au-Prince, le 20 août 1907, an 104e de l'Indépendance.

Le Président du Sénat,
T.-A. DUPITON.

Les secrétaires :
E. CINÉAS, DIOGÈNE LEREBOURS.

Au nom de la République,

Le Président d'Haïti ordonne que la loi ci-dessus du Corps législatif soit revêtue du sceau de la République, publiée et exécutée.

Donné au Palais national, à Port-au-Prince, le 28 août 1907, an 104° de l'Indépendance.

Par le Président :　　　NORD ALEXIS.

Le Secrétaire d'Etat des finances et du commerce,
F. MARCELIN.

Le 8 août 1907 j'adressai cette dépêche au Président de la République :

Port-au-Prince, le 8 août 1907.

Monsieur le Président,

Dans le rapport de la Commission du budget pour l'exercice 1907-1908, rapport voté à l'unanimité par la Chambre des Représentants, on lit :

« De l'étude que nous avons faite du budget, étude forcément incomplète en l'absence de certaines données propres à éclairer la marche de nos investigations, nous concluons que les combinaisons au jour le jour et forcément précaires imaginées pour faire marcher le service budgétaire ne vaudront jamais les mesures plus stables, plus sincères et plus rationnelles telles qu'une réforme fiscale établie d'après le mouvement de la fortune privée.

« La Commission pense aussi qu'il est vraiment temps de cesser de tabler nos recettes sur les dons presque gratuits de la nature, de faire reposer la vie de toute une nation sur une récolte problématique de café et de cacao perpétuellement exposée aux ravages de l'ouragan, aux débordements de nos rivières, à toutes les variations atmosphériques enfin.

« En attendant que puisse être établi l'impôt foncier, la science et l'habileté d'un Ministre des finances peuvent amplement alimenter les recettes du Trésor, si elles daignent se porter vers l'enregistrement, le timbre, l'hypothèque et les successions. »

Le Conseil des Secrétaires d'Etat, dans une de ses séances, avait voté, l'année dernière, sur ma proposition, un projet de loi sur l'alcool de fabrication intérieure et un autre sur l'enregistrement.

Ces deux projets de lois répondent complètement aux desiderata exprimés par la Chambre des Représentants.

Je prends la liberté de les soumettre à nouveau à Votre Excellence afin que, si elle juge à propos de les signer, je puisse les déposer au Corps législatif avant la fermeture de cette session.

Daignez agréer, Monsieur le Président, l'hommage de tout mon respect et de tout mon dévouement.

F. MARCELIN.

PROJET DE LOI

Nord Alexis
Président de la République,

Usant de l'initiative que lui accorde l'article 69 de la Constitution ;

Considérant que, par suite des changements survenus dans le système monétaire de la République, il importe de rapporter les dispositions de la loi du 14 novembre 1876 réduisant de 50 0/0 les droits fixes d'enregistrement ;

Considérant, d'autre part, que les revenus de l'Enregistrement, tels qu'ils sont établis actuellement, ne permettent pas de répondre aux exigences du service public et qu'il y a lieu, dans ce cas, d'augmenter dans une proportion juste et équitable les droits prévus par la loi du 28 juillet 1828.

Sur la proposition du Secrétaire d'Etat des finances et du commerce,

Et de l'avis du Conseil des Secrétaires d'Etat,
A proposé,

Et le Corps législatif a voté la loi suivante :

Article 1er. — Sont et demeurent rapportées les dispositions de la loi du 14 novembre 1876 réduisant de 50 0/0 les droits fixes d'Enregistrement.

Art. 2. — A partir du 1er octobre 1906, les

droits fixes d'Enregistrement et les droits proportionnels tels qu'ils sont mentionnés dans la loi du 28 juillet 1828 seront doublés.

Art. 3. — Il sera perçu un droit proportionnel de 4 0/0 sur toutes les opérations qui comportent antichrèse.

Art. 4. — Continueront à être perçus en monnaie nationale et en monnaie étrangère les droits auxquels donnent ouverture les actes présentés à l'Enregistrement.

Art. 5. — La présente loi abroge toutes lois ou dispositions de loi qui lui sont contraires. Elle sera exécutée à la diligence du Secrétaire d'Etat des finances et du commerce.

PROJET DE LOI

Nord Alexis,
Président de la République.

Usant de l'initiative que lui accorde l'article 69 de la Constitution ;

Considérant qu'il est démontré qu'au point de vue hygiénique et moral la consommation immodérée de l'alcool devient un danger pour les familles et pour l'Etat ;

Qu'il est dès lors reconnu la nécessité de

rechercher les moyens de diminuer cette consommation par une imposition au profit du Trésor public ;

Considérant d'autre part qu'il est prouvé que des boissons falsifiées sont importées dans le pays, lesquelles doivent être prohibées et l'importateur soumis à une amende, et qu'il importe, à l'égard de celles de bon aloi, de prendre tout aussi bien des mesures pour en arrêter l'importation dans les proportions qu'elles présentent actuellement ;

Considérant enfin qu'il y a lieu de préparer de nouvelles ressources pour le développement de l'agriculture, ainsi que pour le dégrèvement de droits sur certains de nos produits exportés ;

Sur le rapport du Secrétaire d'Etat des finances et du commerce

Et de l'avis du Conseil des Secrétaires d'Etat,

A proposé

Et le Corps législatif a voté la loi suivante :

Article 1er. — A partir du 1er octobre 1906, il est établi un impôt sur l'alcool de fabrication intérieure, lequel sera acquitté par tout acheteur d'un gallon au moins.

Art. 2. — Cet impôt est fixé à 10 centimes en monnaie nationale sur chaque gallon de tafia pesant 20 degrés de l'alcoomètre Quartier.

Toute fraction de 5 degrés au-dessus des 20 paiera 2 centimes en sus de la taxe ci-dessus. Par contre, le tafia pesant moins de 20 degrés sera passible d'une surtaxe de 5 centimes par chaque degré en moins.

Art. 3. — Tout producteur, tout débitant de tafia, d'alcool, de rhum et de toutes boissons alcoolisées fabriquées ou importées dans la République est soumis à un droit de licence qui sera versé au Trésor public chaque année, du 1er au 30 octobre. Ce droit est fixé à 30 gourdes pour le producteur comme pour le détaillant. Du 1er au 15 septembre, les demandes de licence seront adressées sur une feuille de papier timbré de 10 centimes à l'administrateur des finances qui les transmettra sans délai au Secrétaire d'Etat des finances et du commerce.

Art. 4. — Il est fait obligation aux producteurs et débitants de tafia, d'alcool, de rhum et de toutes boissons alcoolisées d'inscrire leurs opérations journalières sur un livre journal spécial timbré qui sera coté, paraphé par l'administrateur des finances.

Art. 5. — Tout contrevenant aux dispositions des articles précédents sera condamné par le Tribunal correctionnel du lieu de sa résidence, toutes affaires cessantes, à une amende de 150 gourdes, sans préjudice du paiement de la licence et de l'impôt et à un emprisonnement de cinq à quinze jours.

Art. 6. — A partir de la promulgation de la présente loi, tout négociant importateur patenté qui voudra importer de l'étranger des eaux-de-vie, boissons alcoolisées, vins et liqueurs généralement quelconques non prohibés par les lois existantes, devra au préalable en donner notification au département du commerce. Dans cette notification seront stipulés la nature des eaux-de-vie, boissons alcoolisées, vins et liqueurs, ainsi que les endroits de leur provenance.

Art. 7. — Est prohibée à l'importation toute boisson alcoolique falsifiée et l'importateur est passible d'une amende de 500 gourdes dont la moitié appartient à celui ou à ceux qui auront dénoncé le délit et l'autre moitié sera versée au Trésor public.

Art. 8. — L'absinthe, de même que les alcools, boissons alcooliques de provenance étrangère non dénommées dans le tarif en vigueur sont également prohibées à l'importation.

Art. 9. — Les droits fixes sur les eaux-de-vie, cognacs, kirch, whesky, genièvre et toutes autres boissons similaires sont augmentées, a partir du 1er octobre 1906, de 100 0/0, sans préjudice des 33 1/3 et 50 0/0 et de la surtaxe de 25 0/0 or américain.

Sont également augmentées de 50 0/0, sans préjudice des droits additionnels, les autres boissons alcooliques prévues au tarif.

Art. 10. — Les vins de table blanc et rouge autres que ceux dits vins fins, vins doux et de dessert sont exonérés des augmentations portées en l'article précédent.

Art. 11. — Toutes eaux-de-vie, boissons alcooliques, vins et liqueurs fortes importées dans la République, soit par la voie de mer, soit par la frontière, contrairement aux dispositions portées dans les articles 6, 7 et 8 précédents, seront saisis et vendus au profit du Trésor et les délinquants seront de plus condamnés à une amende de 500 gourdes, sans préjudice des peines à appliquer en conformité des lois douanières existantes contre tous auteurs et complices de ces contraventions. En cas de récidive, l'amende sera portée à 1,000 gourdes. La moitié de l'amende appartiendra à celui qui aura dénoncé la contravention, l'autre moitié sera versée au Trésor public.

Art. 12. — Dans chaque commune de la République, il sera nommé un percepteur à qui il est alloué pour tous émoluments et frais généralement quelconques 30 0/0 sur les recettes, exception faite de celles provenant du droit de licence.

Le produit net de ces recettes, soit 70 0/0, sera versé du 1er au 15 de chaque mois, contre mandat d'encaissement dressé par l'administrateur des finances.

Art. 13. — Sont applicables aux percepteurs les dispositions de la loi du 2 août 1870 sur la responsabilité des fonctionnaires et employés de l'administration publique.

Art. 14. — Sont exonérés de tous droits de Douane à l'importation les bouteilles vides de 250 grammes et au-dessus, les fûts vides jusqu'à 15 gallons et les barriques vides jusqu'à 16 gallons.

Art. 15. — Pour assurer la pleine et entière exécution de la présente loi, le Président de la République prendra toutes les mesures nécessaires de réglementation, d'administration et de contrôle. Ces mesures feront l'objet d'un arrêté, lequel pourra toujours être modifié le cas échéant.

Art. 16. — La présente loi abroge toutes lois ou dispositions de loi qui lui sont contraires, sauf celles sur la régie des impositions directes et sur l'impôt de la patente. Elle sera exécutée à la diligence du Secrétaire d'Etat des finances et du commerce.

Cependant, un gros scandale venait d'éclater à la douane du Cap. Je ne puis que transcrire ici, pour en donner une idée, ces deux dépêches :

Cap-Haïtien, le 28 août 1907.

Monsieur le Secrétaire d'Etat,

Partisan de l'ordre et de la régularité, je m'empresse de porter à votre connaissance le désordre affreux qui se commet à la Douane du Cap-Haïtien. Hier, par le steamer *Grœcia*, sont arrivées pour compte de M. A... dix balles de cheeck de 100 pièces chacune, que j'ai contrôlées moi-même en Douane, tandis que la déclaration a été faite pour 50 pièces, conformément à la facture consulaire, comme du reste vous pouvez le constater par la facture consulaire expédiée au département par le consul.

Si le département a réellement à cœur de redresser les abus, il n'a qu'à télégraphier à l'interprète de ce port pour l'inviter à ne pas remettre, sous aucun prétexte, à aucun commerçant, la déclaration qui lui a été remise pour le steamer *Grœcia*, ni accepter aucune rectification ; ensuite faire défense à la Douane de ne faire aucune vérification des marchandises arrivées par ce dit steamer sans attendre vos instructions.

Vous déléguerez quelqu'un pour assister à la vérification des marchandises arrivées par le steamer *Grœcia*. Par ainsi, vous constaterez combien les Djobs se font en Douane.

. . . .

———

Cap-Haïtien, le 4 septembre 1907.

Monsieur le Secrétaire d'Etat,

Dégagé de toute passion, de tout parti pris, n'envisageant que le bonheur de mon pays dans le respect des deniers publics, je m'empresse de vous adresser le rapport suivant, qui est l'interprète fidèle de la vérité.

A la réception de la lettre-rapport qui vous a été précédemment adressée, le département s'est empressé de nommer une Commission composée de MM. Edouard Martin et Isaac Lenoir pour contrôler les opérations douanières qui ont été faites ou doivent être faites par le steamer *Grœcia* du 27 août expiré. Quand cette nouvelle est arrivée au Cap, il était environ six heures du soir, la Douane était fermée, ce qui empêchait les douaniers de se débarrasser, le samedi même, de tous les colis suspects afin d'échapper au contrôle de la Commission. Mais, lundi, à sept heures du matin, le hoqueton du bureau était encore chez lui quand, contrairement aux heures réglementaires des bureaux et aux habitudes des fonctionnaires et employés de la Douane, qui venaient le plus souvent très tard à leur poste, on a vu les halles de la Douane grandes ouvertes et des cabrouetiers amassés devant ces halles en train de charger des colis sortant de ces halles et transportés dans plusieurs maisons de commerce, entre autres chez M. A...

Avertis par la clameur publique, le commandant de l'arrondissement, celui de la place, le port se sont rendus sur les lieux pour constater ce fameux scandale ; mais, malheureusement, les colis avaient été déjà transportés à destination, il ne restait que les colis de la maison D... qui n'était pas là à temps pour les faire enlever. Ces marchandises ont été délivrées sans que les droits aient été versés à la caisse publique. Inutile de vous dire tout le scandale qu'a provoqué cette affaire ; beaucoup de personnes s'étaient amassées devant la Douane à cette scène en vociférant des paroles malhonnêtes et affligeantes contre les douaniers fraudeurs. Les autorités ont beaucoup regretté de n'être pas venues à temps pour arrêter cette contrebande par trop tangible. Des cabrouetiers ont déclaré avoir reçu 2 gourdes pour chaque colis transporté. A dix heures, la Commission s'est présentée pour exercer son contrôle ; mais, hélas ! elle n'a trouvé que quelques colis des marchandises arrivées par *Grœcia*. Les marchandises de la maison D..., vérifiées par la Commission, ont subi, seules tous les feux des double-droits, ce qui prouve encore plus la culpabilité des douaniers.

Si ces fonctionnaires étaient en paix avec leur conscience, c'était pour eux l'occasion de se justifier en ne faisant aucune opération avant l'arrivée de la Commission. Ils ont prouvé par leur conduite inqualifiable leur culpabilité.

La conduite de ces douaniers a soulevé l'indignation du public capois, quand surtout ils ont déjà fait assez d'argent depuis cinq ans. Ils devraient être assez consciencieux pour ne pas profiter de la morte-saison pour empêcher le gouvernement, par leur cupidité, de faire face à ses obligations.

. . . .

La dernière phrase de mon correspondant pourrait laisser croire que c'est parce qu'ils avaient fait déjà assez d'argent et que l'on était dans la morte-saison que les fonctionnaires dénoncés devaient respecter les deniers de l'État. Ce n'était sans doute pas sa pensée et il ne faut pas le juger sur cette morale-là... Incontestablement il nous rendit un grand service, car les bateaux qui arrivèrent après le *Gracia* donnèrent la preuve que tout ce qu'il avait dit était vrai. Le scandale, on le comprend, fut grand au Cap, à la suite de cette sortie extra-matineuse de colis des halles de la douane. Toutes les correspondances et les journaux en parlèrent. Le Président regarda comme un outrage personnel que sa ville natale donnât ce malheureux spectacle. Il révoqua sans hésitation, et dès le 7 septembre, tout le personnel de l'administration financière et celui des douanes. Une commission fut nommée à leur place. Il est juste de dire qu'aucune autorité militaire ne fut ni compromise, ni soupçonnée dans ce scandale du Cap.

VIII

Le *Moniteur* du 11 septembre 1907 publiait la correspondance suivante :

Port-au-Prince, le 4 septembre 1907.
N° 1651.

Le Secrétaire d'Etat des finances au Directeur de la Banque Nationale d'Haïti.

Monsieur le Directeur,

La situation de la Banque, arrêtée au 31 décembre 1907, comporte dans un de ses tableaux :

« Indemnités aux sinistrés de Petit-Goâve $ 228,355.02 et P. 55,610 or, intérêts 6 0/0 l'an. »

Je vous prie de me faire savoir en vertu de quelles dispositions de loi cet intérêt de 6 0/0 est accordé sur lesdites valeurs.

Ce renseignement m'est absolument nécessaire. Je vous prie d'avoir l'obligeance de me le fournir le plus tôt possible.

Veuillez agréer, Monsieur le Directeur, les assurances de ma considération distinguée.

F. Marcelin.

Banque Nationale d'Haïti

Port-au-Prince, le 6 septembre 1907.

Monsieur le Secrétaire d'Etat au département des finances et du commerce.

Monsieur le Secrétaire d'Etat,

J'ai l'honneur de vous accuser réception de votre dépêche n° 1651, du 4 septembre.

C'est en vertu des précédents de 1883 et de 1889 que, sur le tableau donnant le résumé des Dettes de la République d'Haïti au 31 décembre 1906, sous la rubrique « Dette flottante », la Banque a fait figurer en regard du chapitre « Indemnités aux sinistrés du Petit-Goâve », intérêts 6 0/0 l'an.

Cette question des intérêts fut d'ailleurs soulevée par M. Descos dans une conversation qu'il eut avec vous en décembre 1905, et au cours de laquelle vous lui fîtes observer que les sinistrés n'auraient pas à souffrir du retard apporté au règlement des indemnités reconnues par la Commission mixte, ces sommes devant porter intérêts à 6 0/0.

Cette conversation me fut rapportée par M. le Ministre de France et fit l'objet d'une dépêche à son Gouvernement.

Au surplus, veuillez ne pas perdre de vue que, suivant les termes formels de votre dépêche n° 325 du 11 juin 1905, section des finances, la brochure de la Banque fut soumise à votre examen avant d'être livrée à l'impression.

Veuillez agréer, Monsieur le Secrétaire d'Etat, les assurances de notre haute considération.

Banque Nationale d'Haïti,

Le Directeur,
CH. VAN WIJCK.

Port-au-Prince, le 9 septembre 1907.

Le Secrétaire d'Etat des finances et du commerce au Directeur de la Banque Nationale d'Haïti, Port-au-Prince.

Monsieur le Directeur,

Je suis en possession de vos lignes du 6 septembre courant, responsives à ma dépêche du 4 du même mois, n° 1651, vous invitant à me faire savoir en vertu de quelles dispositions de loi un intérêt de 6 0/0 l'an est accordé sur les valeurs allouées aux sinistrés du Petit-Goâve.

Vous répondez :

« C'est en vertu des précédents de 1883 et 1889 que, sur le tableau donnant le résumé des dettes de la République d'Haïti au 31 décembre 1906, sous la rubrique « Dette flottante », la Banque a fait figurer, en regard du chapitre « Indemnités aux sinistrés de Petit-Goâve », intérêts à 6 0/0 l'an. »

Nul n'a le droit de distinguer quand la loi elle-même ne distingue pas.

Relisez attentivement les articles 1, 2 et 3 de la loi du 13 septembre 1906. Ils sont ainsi conçus :

« Article premier. — Sont reconnues pour être inscrites à la Dette publique et acquittées par le Trésor, la somme de 5,610 gourdes monnaie nationale et celle de 228,355 piastres 02 or américain, montant des valeurs accordées aux étrangers par les Commissions-mixtes et la somme de 50,000 gourdes à répartir entre les sinistrés haïtiens de 1902. »

« Art. 2. — Ces valeurs seront payées en quatre annuités de 13,902 gourdes 50 monnaie nationale et 57,088 piastres 75 or américain. »

« Art. 3. — La présente loi sera exécutée à la diligence des Secrétaires d'Etat des relations extérieures et des finances, chacun en ce qui le concerne. »

Cette loi ne fait aucune mention d'intérêts. Les paiements doivent être effectués en quatre annuités. Dans le cas d'un retard apporté à un versement, si par exemple une annuité due n'était pas acquittée au 30 septembre, à la clôture de l'exercice, il y aurait lieu d'accorder un intérêt de 6 0/0 l'an, du 1er octobre à la date du premier versement.

Au budget de la Dette publique figure le montant de l'annuité 1906-1907 à payer dans le cours de cet exercice. D'autres valeurs n'y sont pas inscrites en faveur des sinistrés de Petit-Goâve.

Il ne peut être établi aucune comparaison entre les règlements des indemnités de 1883 et 1889 et le règlement de 1902, ni fait état d'aucun précédent. Ces règlements sont tout à fait distincts.

Vous ajoutez :

« Cette question des intérêts fut d'ailleurs soulevée dans une conversation qu'il eut avec vous en décembre 1905 et au cours de laquelle vous lui fîtes observer que les sinistrés n'auraient pas à souffrir du retard apporté au règlement des indemnités reconnues par la Commission-mixte, ces sommes devant porter intérêts à 6 0/0. »

J'ai eu, en effet, un entretien avec M. Descos au sujet des indemnités qui nous occupent. Il n'a été question que des versements en retard, versements dont les termes sont fixés par le Corps Législatif.

La teneur de la dépêche du 13 juin 1905, n° 325, est très formelle. Je ne puis l'oublier. Vous avez soumis le manuscrit de votre brochure au département. Cette mention d'intérêts de 6 0/0 l'an n'aurait pu m'échapper, alors que vous l'y avez fait figurer, pensant probablement que mon département ne serait pas à même de payer chaque annuité à son échéance.

Veuillez agréer, Monsieur le Directeur, les assurances de ma considération très distinguée.

F. MARCELIN.

Voici, au surplus, toute la correspondance échangée à ce sujet :

SECRÉTAIRERIE D'ÉTAT
DES RELATIONS EXTÉRIEURES

Port au-Prince, le 13 septembre 1907.

Mon cher collègue,

J'ai l'honneur de recevoir de M. le Ministre de France en cette résidence, la dépêche dont je crois utile de vous communiquer ci-inclus copie, en vous priant de bien vouloir, après en avoir examiné le contenu, me mettre en mesure de répondre à M. Carteron.

Avec mes remerciements anticipés, agréez, mon cher collègue, mes civilités empressées.

H.-PAULÉUS SANON.

Au Secrétaire d'Etat au département des finances et du commerce.

Port-au-Prince, le 12 septembre 1907.

Monsieur le Secrétaire d'Etat,

Le *Moniteur* d'hier publie une correspondance administrative échangée entre M. le Secrétaire d'Etat des finances et M. le directeur de la Banque, au sujet de la question des intérêts à 6 0/0 dus aux indemnitaires du Petit-Goâve.

Je ne veux pas examiner si cette publication s'imposait. Mais comme un de mes prédécesseurs, M. Descos, y est mis en cause, je crois devoir appeler l'attention particulière de Votre Excellence sur les inconvénients que présente le procédé employé.

J'ajoute que, dans sa lettre du 9 septembre à M. Van Wijck, M. Marcelin dit que, dans l'entretien qu'il a eu avec M. Descos, « il n'a été « question que des versements en retard (in- « demnité du Petit-Goâve), versements dont les « termes sont fixés par le Corps législatif. »

Les souvenirs de M. le Secrétaire d'Etat des finances sont incomplets, car M. Descos a écrit ce qui suit, le lendemain de son entrevue avec M. le Secrétaire d'Etat des finances (12 décembre 1905), à M. le Ministre des affaires étrangères de la République française : « M. « Marcelin m'a dit que les indemnitaires ne « souffriraient point du retard apporté dans le « vote de la loi (des indemnités du Petit-« Gaâve), puisque, *conformément aux précé-« dents*, leurs indemnités porteraient intérêts « *à 6 0/0 l'an, depuis la date de la sentence* « *arbitrale.* »

C'est, du reste, ce que j'ai déjà eu l'honneur de signaler à Votre Excellence dans ma lettre du 31 du mois dernier.

Veuillez agréer, Monsieur le Secrétaire d'Etat, les assurances de ma haute considération.

P. Carteron.

Port-au-Prince, le 13 septembre 1907.

Au Secrétaire d'Etat au département
des relations extérieures.

Mon cher collègue,

Je vous accuse réception de vos lignes du 13 septembre courant couvrant copie d'une dépêche de M. le Ministre de France en cette résidence.

De cette dépêche, j'extrais le passage suivant :

« Les souvenirs de M. le Secrétaire d'Etat des finances sont incomplets, car M. Descos a écrit ce qui suit le lendemain de son entrevue avec M. le Secrétaire d'Etat des finances (12 décembre 1905), à M. le Ministre des affaires étrangères de la République française : « M.
« Marcelin m'a dit que les indemnitaires ne
« souffriraient point du retard apporté dans le
« vote de la loi (des indemnités du Petit-
« Goâve), puisque, *conformément aux précé-*
« *dents*, leurs indemnités porteraient intérêts
« à 6 0/0 l'an, depuis la date de la sentence
« arbitrale. »

Je veux bien croire à un malentendu. Dans l'entrevue que j'ai eue avec lui, M. Descos a pu comprendre paiement d'intérêts, de la date de la sentence arbitrale. Mais je soutiens qu'il s'agissait d'intérêts en cas de retard dans les versements fixés par le Corps législatif.

En ma qualité de Ministre des finances, je ne puis payer que sur des pièces comptables et cette créance (Indemnités des sinistrés de Petit-Goâve) ne relève pas de mon département. Il est évident que je n'aurais pu prendre aucun engagement devant augmenter les sommes inscrites au budget. Mes souvenirs sont absolument fidèles.

La loi est formelle. Elle fixe les annuités à payer. En cas de non-paiement d'une annuité à son échéance, il est juste que des intérêts soient comptés, et alors il faudra obtenir un crédit des Chambres sur la demande motivée de votre département. Mais j'espère qu'il n'en sera point ainsi, le département des finances devant acquitter chaque terme régulièrement.

Je ne crois pas inutile de vous faire remarquer que l'entretien que j'ai eu avec M. Descos, et qui était tout à fait officieux, ne pouvait avoir pour effet un règlement quelconque, n'étant pas Ministre des relations extérieures.

C'est bien à tort que le directeur de la Banque Nationale a cru devoir, dans la lettre adressée à mon département et insérée au *Journal officiel*, faire intervenir cet entretien pour des motifs que j'ignore.

Mes sincères cordialités.

F. MARCELIN.

LÉGATION DE FRANCE
EN HAITI   RÉPUBLIQUE FRANÇAISE

Port-au-Prince, le 23 septembre 1907

A Son Excellence M. Pauléus Sannon,
Secrétaire d'Etat des relations extérieures.

Monsieur le Secrétaire d'Etat,

J'ai l'honneur d'accuser réception à Votre Excellence de sa lettre du 14 de ce mois, à laquelle je demanderai la permission de répondre point par point.

I. — Le 20 du mois dernier, je vous ai fait part du désir manifesté par M. le Ministre des affaires étrangères de la République française de savoir s'il était vrai que le Gouvernement haïtien était *décidé* à verser des intérêts moratoires aux indemnitaires du Petit-Goâve, pour la période comprise entre la date de la sentence arbitrale et celle du paiement intégral de l'indemnité.

A ce propos, vous faites observer qu' « exprimée en ces termes, ma question signifiait, à n'en pouvoir douter, que votre Gouvernement aurait pris *l'initiative* de servir ces intérêts et que le Quai d'Orsay, informé d'une telle décision, aurait été désireux d'être fixé sur l'exactitude du renseignement qui lui était parvenu ».

Le Ministre des affaires étrangères, pas plus que cette légation, n'a cru à cette initiative : il a simplement supposé que le Gouvernement haïtien, qui était disposé en 1905 à payer les intérêts dont il s'agit (dépêches de M. Descos, des 8 juin et 12 décembre 1905, au Quai d'Orsay), mais qui plus tard a refusé de les verser (lettre de M. Ferrère à M. de Bezaure du 7 avril 1906), s'était *décidé* à revenir à sa première manière de voir et à reconnaître, après un nouvel examen, un droit basé sur l'équité, consacré par les précédents et soutenu par la légation de France. Ce qui, du reste, permettait de le penser, c'était la brochure, très répandue dans le monde des affaires, en Haïti et à Paris, que la Banque Nationale a publiée en mars dernier, sous le contrôle du ministère des finances (Situation au 31 décembre 1906), où figure la mention d'intérêts à 6 0/0 à attribuer aux victimes des événements du Petit-Goâve.

En présence de la réponse de Votre Excellence, en date du 22 août, je ne pouvais que m'inspirer des instructions du département des affaires étrangères, qui remontent à 1904, et maintenir la demande de mes prédécesseurs en invoquant les précédents de 1884 et 1892.

II. — Votre Excellence conteste que je puisse

invoquer ces précédents et que je fonde mon argumentation sur ce fait que les protocoles de 1884 et 1892, non plus que le protocole de 1903, n'ont parlé d'intérêts moratoires et que, cependant, ceux-ci ont été versés par le Gouvernement de la République d'Haïti.

Ce fait est pourtant indéniable et constitue un argument de grande valeur.

Mais vous insistez et vous citez l'article 4 du protocole de 1903, qui est ainsi conçu : « Les Gouvernements d'Haïti et de France, par le présent protocole, s'engagent solennellement et sincèrement à considérer les décisions des commissaires ou celles de l'arbitre comme définitives et sans appel ; elles termineront d'une manière absolue les réclamations décidées. Les deux Gouvernements promettent d'exécuter ces décisions de bonne foi, sans autres délais que ceux nécessités par les circonstances ou fixés par la loi votée ».

Vous concluez que cette clause exclut, avec la dernière évidence, toute idée d'intérêts moratoires.

Permettez-moi de vous faire remarquer que cet article 4 reproduit textuellement l'article 4 du protocole du 25 avril 1892 et que le Ministre haïtien de l'époque n'en a pas excipé pour prétendre « qu'il excluait toute idée d'intérêts moratoires ».

III. — Vous insistez encore, et vous dites que le rapport de la Commission mixte ne parle pas d'intérêts et « ne fait mention que de *secours* à accorder aux étrangers dont les intérêts auraient été lésés par les événements de 1902 ».

Je n'ignore pas que ce mot de *secours* figure dans le rapport final de la Commission. Mais, sans vouloir établir un débat sur sa valeur objective, laissez-moi vous dire, qu'en fait, il exprime une fiction destinée, dans des cas analogues à celui du Petit-Goâve, à ménager l'amour-propre, les susceptibilités des Gouvernements.

La théorie du département des relations extérieures consiste à prétendre que, puisqu'il n'y a pas eu *indemnités*, — c'est-à-dire compensation, mais simplement *secours*, il n'y a pas lieu de payer des intérêts.

Sous le bénéfice de ce que je viens de dire au sujet du sens réel qu'il convient d'attribuer au mot *secours*, je ferai remarquer que ce terme ne prévaut pas contre celui d'*indemnité*. Et c'est si vrai qu'au paragraphe 2 de l'article 7 de la loi du 24 août dernier (*Moniteur* du 14 septembre), il est spécifié que, « pour opérer le
« paiement des allocations budgétaires et des
« *indemnités non encore acquittées* par les
« Commissions mixtes, le Secrétaire d'Etat des
« finances pourra... etc... ».

Je pourrais également souligner le mot ci-dessus *acquittées* venant après celui d'indemnités, et qui implique l'idée d'une somme *due* et non d'une somme *reçue* à titre de libéralité ; — mais je passe.

Au surplus, si l'on admet que les sommes allouées aux indemnitaires de 1902 représentent seulement un *secours* et ne sont point, par conséquent, susceptibles d'intérêts, il faut admettre, logiquement, que les sommes allouées aux victimes des événements de 1879-1883 et 1889 représentaient, elles aussi, des secours, et ne devaient point porter intérêts. Or, des intérêts ont été payés aux sinistrés de ces époques.

Il est superflu de conclure.

IV. — Votre Excellence continue et déclare que, si « aux époques antérieures le Gouvernement haïtien avait cru pouvoir consentir des intérêts moratoires, ce n'a pu être qu'en vertu d'accords spéciaux et parce que les paiements n'ayant pas été effectués aux échéances prévues par la loi, il avait jugé équitable de dédommager les bénéficiaires ».

Je ne trouve point trace dans les archives de la légation du texte de ces accords spéciaux, et j'en conclus qu'à ces époques antérieures on n'avait point jugé utile d'en faire, tellement il paraissait naturel de verser des intérêts, pour compenser l'*échelonnement* des paiements du principal. Une simple conversation a dû suffire à cet égard.

D'autre part, pour ce qui concerne tout au moins les indemnités afférentes aux victimes des événements de 1879-1883 et 1889, il n'y a eu aucun retard dans les versements aux *échéances* déterminées par la loi, attendu *qu'avant* que le Sénat eût sanctionné les dispositions législatives votées par la Chambre, par conséquent *avant* que les échéances légales eussent été fixées et *avant* que le paiement de la première annuité eût été opéré, les *intérêts* du premier quart de l'indemnité ont été versés par le Gouvernement haïtien (15 décembre 1894) par les soins de M. Marcelin, intérimaire du département des relations extérieures (lettre de M. Marcelin à M. Pichon, du 1er décembre 1894).

Vous dites encore, en vous appuyant sur le paragraphe 4 de l'article 3 du protocole de 1903, que le Gouvernement haïtien ne s'est en rien écarté des engagements qu'il a contractés et que « cette citation dispense de commentaires superflus relativement au *retard* dont je me plains ».

Que stipule donc ce paragraphe, qui est, d'ailleurs, copié textuellement sur le paragraphe 4 de l'article 3 du protocole de 1892 ?

Il stipule que le Gouvernement haïtien, après s'être mis d'accord « avec la légation de

France relativement au mode de paiement des réclamations admises, *préparera alors le projet de loi à présenter* au Corps législatif pour déterminer ledit mode... ». L'acord prévu avec la légation de France a été rapide, mais ce n'est qu'en juin 1905, c'est-à-dire un an environ après la clôture des travaux de la Commission mixte, que le projet de loi a été présenté aux Chambres, et ce n'est que le 15 septembre 1906 que le Sénat a voté ce projet. Il y a donc eu un retard considérable de la part du Gouvernement haïtien relativement au dépôt de la loi, et de la part des Chambres, relativement au vote de cette loi. Ces retards ont été signalés verbalement par mes prédécesseurs au département des relations extérieures, ainsi qu'il résulte de notes figurant au dossier de l'affaire et ont fait l'objet de lettres de leur part en date des 19 septembre 1905, 6 avril 1906, 20 juin 1906, 24 août 1906, à M. Férère et à vous-même.

Ils ont été, d'ailleurs, reconnus par le prédécesseur de Votre Excellence dans sa lettre du 7 avril 1906 à M. de Bezaure. Ils sont, il est vrai, qualifiés par lui d'*involontaires* ; — mais, involontaires ou non, ils n'en existent pas moins.

Or, Votre Excellence déclare, dans sa lettre du 14 de ce mois, qu'on pourrait « concevoir

« le principe des intérêts moratoires, si, aux
« échéances fixées par la loi, le paiement des
« allocations était différé pour une cause quel-
« conque ». Le retard qui, de l'aveu même de
M. Férère, s'est produit dans le dépôt et le vote
de la loi, a eu sa répercussion sur la fixation
des échéances. Les indemnitaires de Petit-
Goâve ont donc, de ce chef, éprouvé un préjudice et il est équitable que le Gouvernement
haïtien les en dédommage.

V. — En ce qui concerne l'argument puisé
par cette légation dans la brochure de la Banque intitulée : *Situation au 31 décembre 1906*,
où figure la mention des intérêts à 6 0/0 l'an à
la suite des valeurs allouées aux sinistrés de
Petit-Goâve, Votre Excellence dénie à cet établissement financier toute compétence en la
matière.

Cette assertion serait fondée si l'opuscule
n'avait pas été déposé avant son impression au
département des finances, conformément à la
dépêche de cette administration, en date du 13
juin 1905, dépêche qui s'exprime ainsi : « La
« brochure de l'établissement que vous diri-
« gez doit comporter des données d'une par-
« faite exactitude, et c'est pour ce motif,
« qu'avant de la remettre à l'impression, le
« manuscrit devra en être soumis à mon dé-
« partement qui ne manquera pas de l'exami-

« ner *tout particulièrement* et de vous faire
« toutes les observations nécessaires en *vue*
« *d'éclairer l'opinion publique sur la vraie*
« *situation de nos finances.* »

La brochure de la Banque acquiert donc, de ce fait, un caractère officiel, et il ne suffît peut-être pas de le lui refuser pour qu'il n'existe pas.

Si la mention des intérêts dont il s'agit ne devait pas y figurer, il appartenait au département des finances de la faire disparaître du manuscrit. S'il ne l'a pas fait disparaître, c'est que, ou bien il l'a approuvée, ou bien il l'a laissée échapper. Dans ce dernier cas, on ne s'explique pas que, depuis le mois de mars, époque à laquelle ledit opuscule a été publié, jusqu'au mois de septembre, c'est à dire pendant cinq mois, l'administration des finances, qui est si désireuse « d'éclairer l'opinion publi-
« que sur la vraie situation des finances de la
« République », et qui se montre, d'autre part, si prompte à relever les moindres écarts de la Banque, n'ait pas signalé l'erreur commise par cet établissement au moyen d'un avis inséré au *Moniteur*. Il a fallu que la légation de France relevât cette indication pour qu'aussitôt elle perdît toute valeur, toute créance. C'est difficile à admettre.

VI. — Votre Excellence me fait remarquer,

à propos de la brochure de la Banque, que le titutilaire du département des relations extérieures a seul qualité « pour négocier avec les légations établies en cette résidence, pour contracter avec elles des engagements qui lient l'Etat haïtien ».

Je ne l'ignore certes pas, et aucune négociation n'a jamais été, que je sache, entamée par cette légation avec d'autres départements ministériels pour une affaire quelconque. Il est bien évident que, dans la question des indemnités de Petit-Goâve, le Secrétaire d'Etat des relations extérieures pouvait et peut seul conclure des accords avec les représentants des pays étrangers à Port-au-Prince ; mais il est évident, aussi, qu'il n'a pas traité et qu'il ne traitera pas cette question où se trouvent engagés les deniers de l'Etat sans s'être, au préalable, concerté avec son collègue des finances.

Il était et il est parfaitement licite de supposer que, du moment où la brochure de la Banque, contrôlée par l'administration des finances, parlait d'intérêts à 6 0/0 venant s'ajouter au principal des indemnités allouées aux victimes des événements de 1902, cette indication résultait d'une entente entre les titulaires des départements des relations extérieures et des finances, puisqu'aussi bien tous deux, ou leurs prédécesseurs, avaient contresigné le projet de loi concernant les indemnités aux sinistrés de Petit-Goâve. Votre Excellence ajoute que M. Férère n'a laissé aucun doute à cette légation sur les intentions du Gouvernement de ne point payer d'intérêts. Je connais, en effet, la lettre du 7 avril 1906 de M. Férère à M. de Bezaure. Mais je sais aussi qu'auparavant, il avait une opinion différente ; je l'établirai tout à l'heure. Je sais également que mon prédécesseur a vu le vôtre postérieurement à la lettre précitée du 7 avril, qu'il en a discuté avec lui les conclusions, et qu'il pensait l'avoir ramené à sa première appréciation.

La mention des intérêts à 6 0/0 dans la brochure de la Banque Nationale, contrôlée, je le répète encore, par l'administration des finances, a permis de croire qu'il en était réellement ainsi, et il n'y a rien d'extraordinaire à ce que, en s'y reportant, certaines personnes aient pu demander au Quai d'Orsay s'il était exact que le Gouvernement haïtien s'était décidé à verser les intérêts moratoires dont il s'agit.

Si le contrôle du département des finances a été défectueux, ni la Banque Nationale, ni cette légation, ni les lecteurs de l'opuscule n'en sauraient être rendus responsables.

VII. — J'arrive à la lettre que M. le Secrétaire d'Etat des finances vous a écrite le 13 de ce mois et que Votre Excellence a bien voulu me communiquer le 14 :

M. Marcelin vous déclare que, dans l'entretien qu'il a eu en décembre 1905 avec M. Descos, il n'a voulu parler que « d'intérêts en cas « de retard dans les versements fixés par le « Corps législatif ». Il admet, cependant, que mon prédécesseur a « pu comprendre qu'il s'agissait de paiements à dater de la sentence arbitrale ».

J'enregistre d'autant plus volontiers cette « concession » que M. Descos, dans une conversation qu'il avait eue six mois auparavant avec M. Ferrère, avait constaté que le Secrétaire d'Etat des relations extérieures n'était pas opposé au règlement d'intérêts moratoires. Voici, en effet, ce qu'il écrivait à ce sujet à Paris, le 8 juin 1905 :

« Le projet de loi (il s'agit du projet de loi
« relatif aux indemnités du Petit-Goàve, que
« M. Férère avait communiqué à cette léga-
« tion le 1ᵉʳ juin) a été rédigé en termes analo-
« gues à ceux des lois afférentes aux précéden-
« tes indemnités, mais avec quelques simpli-
« cations. La fixation des délais, le décompte
« des gourdes en or américain au change de
« 146 0/0 donnent toute satisfaction à nos com-
« missaires. *Restent les intérêts, dont il n'a été*

« *fait mention dans aucune des lois antérieu-*
« *res. Toutefois, comme les paiements sont*
« *échelonnés, le Gouvernement haïtien n'a*
« *jamais fait de difficultés dans les occasions*
« *précédentes pour ajouter des intérêts au*
« *principal de la dette. M. Ferrère, que j'ai*
« *interrogé sur ce point, m'a dit qu'il ne voyait*
« *pas d'inconvénient, une fois la loi votée, à ce*
« *que la question des intérêts fût réglée con-*
« *formément aux précédents.* »

Cette citation suffit pour établir que M. Descos devait naturellement comprendre, quand M. Marcelin lui a parlé de l'affaire, qu'il s'agissait d'intérêts à 6 0/0 à payer depuis le prononcé de la sentence arbitrale, ce qui était conforme aux précédents ; il était logique, d'autre part, qu'il crût que l'accord existait sur ce point entre les deux ministres signataires du projet de la loi d'indemnités et dont l'un, M. Marcelin, était particulièrement au courant de questions de ce genre, attendu que, faisant l'intérim du Département des relations extérieures, il avait écrit, le 1er décembre 1894, à M. Pichon, alors ministre de France à Port-au-Prince, que le Gouvernement haïtien paierait, le 15 décembre de cette même année, les intérêts à 6 0/0 sur le premier quart de l'indemnité allouée par la Commission mixte franco-haïtienne de 1892. Et, à ce propos, je rappelle encore que ce paiement fut opéré *avant* que la loi des indemnités fût votée par le Sénat, ce qui est assez suggestif.

M. le Secrétaire d'Etat des finances termine sa lettre du 13 de ce mois, en spécifiant que l'entretien qu'il a eu avec M. Descos « était tout à fait officieux et ne pouvait avoir pour effet un règlement quelconque, puisqu'il n'était pas Secrétaire d'Etat des relations extérieures ». Je n'en disconviens pas. Mais on avouera que l'opinion, même officieuse, de l'un des ministres qui avait signé le projet de loi relatif aux indemnités, et qui était à cette époque, comme il l'est encore aujourd'hui, le trésorier de la République d'Haïti, avait quelque valeur et qu'on avait le droit de supposer que cette opinion serait alors, comme à présent, prépondérante dans le Conseil des secrétaires d'Etat.

Je termine à mon tour, Monsieur le Secrétaire d'Etat, cette trop longue lettre, où j'ai suivi pas à pas l'argumentation de votre lettre du 14 de ce mois, je termine en maintenant la demande que j'ai déjà formulée, en m'inspirant des instructions du Ministre des affaires étrangères de la République, relativement au paiement d'intérêts moratoires aux bénéficiaires de la sentence arbitrale de la Commission mixte de 1903.

La question reste ouverte, sans préjudice,

bien entendu, du règlement au 30 de ce mois du premier quart de l'indemnité.

Veuillez agréer, Monsieur le Secrétaire d'Etat, les assurances de ma haute considération.

P. CARTERON.

Légation de France
en Haiti

République Française

Port-au-Prince, le 20 août 1907.

Monsieur le Secrétaire d'Etat,

M. le ministre des affaires étrangères de la République française a été informé que le Gouvernement haïtien serait décidé à verser aux indemnitaires du Petit-Goâve des intérêts moratoires pour la période comprise entre la date de la sentence de la commission arbitrale et celle du paiement intégral de l'indemnité.

Il me prie de lui faire savoir si cette information est exacte et j'ai l'honneur de demander à Votre Excellence, en me référant à la conversation que M. Rouzier a eue hier avec elle, de bien vouloir me mettre à même de répondre à la question qui m'est posée.

M. Pichon me rappelle d'ailleurs qu'un vote du Sénat et de la Chambre des députés d'Haïti a spécifié que des indemnités seraient allouées aux victimes de l'incendie du Petit-Goâve et que le paiement intégral de la première annuité de cette indemnité doit être effectué le 30 septembre prochain.

Je serais reconnaissant à Votre Excellence de m'indiquer les mesures que prendra le Gouvernement haïtien pour assurer l'exécution de la résolution des Chambres et de sa propre décision.

Veuillez agréer, Monsieur le Secrétaire d'Etat, les assurances de ma haute considération.

P. CARTERON.

Son Excellence M. Pauléus Sannon, secrétaire d'Etat des relations, extérieures, etc., etc.

BANQUE NATIONALE D'HAITI

Port-au-Prince, le 12 septembre 1907.

Monsieur le Secrétaire d'Etat au département des finances et du commerce, Port-au-Prince.

Monsieur le Secrétaire d'Etat,

J'ai reçu en son temps la lettre que vous m'avez fait l'honneur de m'écrire le 9 septembre.

J'y avais notamment remarqué le paragraphe final ainsi conçu :

« La teneur de la dépêche du 13 juin 1905, n° 325, est très formelle. Je ne puis l'oublier. Vous avez soumis le manuscrit de votre brochure au département. Cette mention d'intérêts de 6 0/0 l'an n'aurait pu m'échapper alors que vous l'y avez fait figurer, pensant probablement que mon département ne serait pas à même de payer chaque annuité à son échéance. »

Ce paragraphe contient, à n'en pas douter, malgré sa forme ambiguë, une insinuation que je voulais relever immédiatement.

Sur le conseil de M. le Ministre de France qui désire avant tout la conciliation, je me suis abstenu de le faire.

Mais, puisque vous avez jugé à propos de faire paraître dans le *Moniteur* toute la correspondance échangée entre nous sur la question des intérêts à 6 0/0 dus aux sinistrés du Petit-Goâve, procédé sur lequel je ne veux pas insister pour le moment, je vous somme, Monsieur le Secrétaire d'Etat, de me dire nettement, et sans recourir à aucun ambage, si, oui ou non, vous m'accusez, comme on le prétend, d'avoir ajouté dans la brochure publiée par les soins de la Banque la mention des intérêts à 6 0/0 après que vous aviez pris connaissance du manuscrit de ce document que je vous avais communiqué conformément aux instructions de votre lettre du 13 juin 1905 par l'intermédiaire de M. Santallier.

Je vous somme également, puisqu'aussi bien vous avez publié toute la correspondance dans le *Moniteur*, de publier la présente lettre dans le numéro de ce journal qui paraîtra samedi prochain.

Veuillez agréer, Monsieur le Secrétaire d'Etat, les assurances de ma considération distinguée.

CH. VAN WIJCK.

Port-au-Prince, le 13 septembre 1907.

Le Secrétaire d'Etat au département des finances et du commerce au directeur de la Banque Nationale d'Haïti, Port-au-Prince.

Monsieur le Directeur,

J'ai l'honneur de répondre à votre lettre du 12 septembre courant.

Mon devoir est de relever, chaque fois que vous m'en donnez l'occasion, la façon incorrecte dont la Banque, sous votre direction, cherche par tous les moyens possibles à entraver le Gouvernement, à nuire à la marche des affaires publiques.

Ainsi, dans cette question des intérêts aux sinistrés de Petit-Goâve, comment procédez-vous ? De coutumière façon, vous faites état de précédents inapplicables dans l'espèce, cependant ruineux pour le pays, précédents, du reste, qui ont fait l'objet, à l'époque, de lois spéciales. Vous transmettez en sus aux intéresés, pour figurer dans leur dossier, une lettre de mon département à l'effet d'étayer leurs réclamations. Enfin, fouillant dans vos souvenirs, vous exhumez une conversation mal interprétée ou mal rapportée.

Est-ce bien là votre rôle ?

Réfléchissez sur cette manière de le comprendre.

Je ne suis pas ministre des relations extérieures. En fait, ma conversation ne peut avoir de valeur dans l'espèce, et je n'ai pu parler évidemment qu'en qualité de ministre des finances, dans le cercle de mes attributions, en envisageant l'exactitude des paiements aux époques déterminées par la loi.

Qu'y a-t-il d'étonnant que je vous demande, votre procédé mis à jour, en vertu de quelle loi vous avez fait figurer les 6 0/0 d'intérêts aux sinistrés de Petit-Goâve dans votre brochure ? Et quand vous me répliquez : « Je vous ai communiqué la brochure », qu'y a-t-il d'étonnant que je vous réponde : « Cette mention d'intérêts n'aurait pu m'échapper, alors que vous l'y avez fait figurer, pensant probablement que mon département ne serait pas à même de payer chaque annuité à son terme ? »

Cette interprétation était plutôt généreuse, car il est bien démontré maintenant que l'intention de la Banque était d'accabler l'Etat, en dehors de la loi, d'une charge nouvelle.

Ma phrase est donc claire. Il n'y a nulle ambiguïté dans ma pensée. Je maintiens que, pas plus vous que moi, n'avons le droit de décider quand la loi n'a pas décidé.

Je ne relève pas le mot « *ambage* » dont vous vous êtes servi. Je vous le laisse. Je n'ai jamais écrit la lettre du 19 avril 1905 pour arriver à obtenir le vote de la convention réglant les effets financiers des jugements des 25 et 27 décembre 1904. Je n'ai jamais écrit non plus la lettre du 17 juillet 1905 pour — toujours dans *« le plus vif désir d'aider votre département et de n'apporter, par notre fait, aucune entrave à la bonne marche du service public »* — demander le vote d'une résolution législative et, quelques jours après, le 28 juillet, refuser sans *ambages* d'exécuter la résolution sollicitée et votée. Ce qui ne vous empêche pas aujourd'hui, dans une brochure que vous faites circuler à propos de l'emprunt de 1896, d'en faire grand état et de la qualifier de *fameuse*. Oui, fameuse, en effet, mais autrement que vous pensez. Cependant, on comprend qu'après ces expériences successives, il faut être très réservé sur les dires et les écrits de votre établissement.

Veuillez, Monsieur le Directeur, agréer mes salutations distinguées.

F. MARCELIN.

BANQUE NATIONALE D'HAITI

Port-au-Prince, le 13 septembre 1907.

Monsieur le Secrétaire d'Etat au département des finances et du commerce, Port-au-Prince.

Monsieur le Secrétaire d'Etat,

J'ai eu l'honneur de recevoir votre dépêche n° 1702 du 13 septembre.

Votre devoir, dites-vous, est de relever, chaque fois que je vous en donne l'occasion, la façon incorrecte dont la Banque, sous ma direction, cherche par tous les moyens possibles à entraver le Gouvernement et à nuire à la marche des affaires publiques.

Le mien m'oblige, puisque vous persistez à

lancer des accusations fantaisistes, pour ne pas dire plus, contre la Banque Nationale d'Haïti, que j'ai l'honneur de diriger, à protester avec la plus grande énergie contre vos procédés diffamatoires qui n'ont d'autre but que de chercher à jeter du discrédit sur notre établissement et peut-être aussi à empêcher toute tentative de conciliation.

Nombreuses seraient mes protestations si je voulais énumérer ici, à cette place, toutes les accusations erronées, pour ne pas dire plus, lancées par vous-même à la tribune des Chambres ou ailleurs, contre la Banque, dans le seul but de servir ce que vous appelez votre politique.

Je m'abstiendrai aujourd'hui, le moment n'est pas encore venu ; je me contenterai simplement de revenir à la question que je vous ai posée.

Je vous ai demandé, avant-hier, si, oui ou non, vous m'accusez d'avoir ajouté dans la brochure, publiée par les soins de la Banque, la mention des intérêts de 6 0/0 après que vous aviez pris connaissance du manuscrit de ce document, que je vous avais communiqué, conformément aux instructions de votre lettre du 13 juin 1905, par l'intermédiaire de M. Santallier.

Vous ne répondez pas à cette interrogation

précise et, selon votre habitude, vous recourez à des « ambages ».

Je vous somme pour la seconde fois, Monsieur le Secrétaire d'Etat, de répondre, oui ou non, à ma question.

Veuillez agréer, Monsieur le Secrétaire d'Etat, les assurances de ma haute considération.

CH. VAN WIJCK.

Port-au-Prince, le 14 septembre 1907.

Le Secrétaire d'Etat au département des finance et du commerce au Directeur de la Banque Nationale d'Haïti, Port-au-Prince.

Monsieur le Directeur,

En m'adressant la lettre du 13 du courant, vous avez sans doute oublié que vous relevez de mon département et que vous devez du respect à votre supérieur hiérarchique. Cette insubordination de votre part, votre maladresse, a toujours été cause des grands embarras que vous vous êtes créés.

Ce discrédit de la Banque dont vous parlez a été provoqué par vous, et vous avez tout mis en œuvre pour compromettre ses intérêts en cherchant à nuire à la bonne marche du service. Votre procédé est très connu, vous avez constamment voulu la ruine des finances de la République.

Je veux bien penser que le siège social, informé de votre conduite, ne tardera pas à mettre un terme à votre mandat.

Je maintiens ce que je vous ai dit à propos de l'inscription de l'intérêt de 6 0/0 que vous avez faite dans la brochure de la Banque.

Vous n'avez plus à m'écrire au sujet de la même question.

Je vous salue.

F. MARCELIN.

BANQUE NATIONALE D'HAITI

Port-au-Prince, le 17 septembre 1907.

Monsieur le Secrétaire d'Etat au département des finances et du commerce, Port-au-Prince.

Monsieur le Secrétaire d'Etat,

J'ai eu l'honneur de recevoir en son temps votre dépêche, n° 1683, du 9 septembre.

J'ai été, je vous l'avoue, péniblement impressionné à la lecture de son dernier paragraphe qui semble insinuer que j'aurais ajouté, après avoir communiqué le manuscrit de la brochure publiée par les soins de la Banque, en regard du chapitre « Indemnités aux sinistrés du Petit-Goâve », la mention des intérêts à 6 0/0.

Si je l'avais fait, ce serait une perfidie de ma part, et je suis persuadé que vous ne m'en croyez pas capable.

Je reconnais sans hésitation que je n'aurais pas dû, en l'absence d'une loi, faire état soit d'un précédent, soit d'un renseignement que je tenais de M. Descos, à la suite d'une conversation qu'il avait eue avec vous ; mais vous me permettrez de vous faire observer que, lorsque, conformément aux instructions de votre dépêche du 13 juin 1905, j'ai soumis le manuscrit du document en question à votre administration, celle-ci aurait dû me signaler l'erreur que je commettais, et, de même que j'ai ajouté sur sa demande certaines indications au tableau « Dette flottante », sous la dénomination de contre-bons, je me serais empressé de faire disparaître la mention des intérêts à 6 0/0 que je n'avais aucun motif de faire figurer dans la brochure.

Je crois donc, après ces explications très nettes et très franches, pouvoir vous dire que si j'ai ma part de responsabilité, en la circonstance, votre département en a également une et, en terminant, je me permets de vous demander, afin qu'aucun malentendu ne subsiste, de bien vouloir reconnaître que j'ai agi avec une entière bonne foi.

Veuillez agréer, Monsieur le Secrétaire d'Etat, les assurances de ma haute considération.

Ch. Van Wijck.

Port-au-Prince, le 18 septembre 1907.

Le Secrétaire d'Etat au département des finances et du commerce au Directeur de la Banque Nationale d'Haïti.

Monsieur le Directeur,

Je vous accuse réception de votre lettre du 17 septembre courant.

Les explications que vous m'avez fournies étant claires, nettes et précises, je vous prie de croire que je les admets sans difficulté.

Veuillez agréer, Monsieur le Directeur, les assurances de ma considération distinguée.

F. Marcelin.

Cette correspondance mit fin à la question des intérêts moratoires à accorder aux sinistrés de Petit-Goâve.

IX

Le 18 septembre, le *Moniteur* parut avec ce simple avis :

« Le général Pétion Pierre-André ayant été révoqué de ses fonctions de secrétaire d'Etat de l'Intérieur et de la Police générale, M. Frédéric Marcelin, secrétaire d'Etat des Finances et du Commerce, est chargé de ce portefeuille ministériel jusqu'à la nomination d'un titulaire.

« Port-au-Prince, le 14 septembre 1907. »

Avec le général Pétion Pierre-André, le Conseil des secrétaires d'Etat perdait certainement un de ses membres les plus considérables... Je m'empressai d'aller rendre visite à cet honorable concitoyen avec lequel j'eus toujours, et de longue date, les rapports les plus cordiaux. Il acceptait très philosophiquement sa disgrâce, tout en se plaignant de cette façon brutale, et sans dignité pour le Gouvernement, de la lui signifier. En effet, avec de tels procédés la charge de ministre descendait de jour en jour au-dessous de celle d'un méprisable commis. Mais le mépris n'était pas pour le ministre frappé : il devenait plus évident, après chacun de ces brusques renvois, qu'il restait tout entier à la charge du système. Dans le cas du général Pétion Pierre-André, il parut — et on donna même à l'époque le nom du dénonciateur — qu'un de ses auxiliaires au département de la police aurait rapporté au général Nord que le ministre lui avait recommandé de mettre toujours de l'humanité et des ménagements dans l'exécution des ordres du Président. De là le mot de trahison... Cependant, là aussi bien que dans le cas de Ferrère, il semble que ce ne fut qu'un prétexte et qu'on avait besoin de se débarrasser du ministre révoqué qui était depuis longtemps en butte aux attaques d'une presse dirigée par quelques individus. On comprend que le propos qu'on lui avait prêté ait agi puissamment sur l'esprit du vieux soldat, fanatique de discipline, qu'était le général Nord Alexis.

On ne m'avait pas consulté pour me charger du portefeuille vacant. On m'aurait consulté que j'aurais sans doute accepté, car déjà l'ère des difficultés graves s'ouvrait pour le Gouvernement. Je lui avais promis tout mon concours et il ne pouvait pas me convenir d'avoir l'air de reculer au moment où ses ennemis, réfugiés à l'extérieur, s'apprêtaient à lui donner un formidable assaut.

Le 19 septembre, le ministre des relations extérieures donna lecture au Conseil des secrétaires d'Etat des deux pièces suivantes :

Légation de France
en Haïti   République Française

Port-au-Prince, le 18 septembre 1907.

Monsieur le Secrétaire d'Etat,

M. le Directeur de la Banque Nationale d'Haïti vient de me remettre une lettre qu'il adresse, avec l'autorisation du Conseil d'administration de cette Société, à S. Exc. M. le Président de la République d'Haïti, en son Conseil, au sujet de la constitution d'un tribunal arbitral qui aurait pour mission de statuer conformément à l'article 23 du contrat de concession du 10 septembre 1880, sur les différends existant entre le Gouvernement haïtien et la Banque précitée.

J'ai l'honneur de vous transmettre ci-joint cette lettre en vous priant de bien vouloir la faire parvenir à sa haute destination.

Comme vous le verrez, Monsieur le Secrétaire d'Etat, la Banque Nationale, tout en exprimant le désir que le tribunal dont il s'agit se réunisse de préférence à La Haye, accepte, pour déférer au vœu du Gouvernement haïtien, qu'il siège à Port-au-Prince, à la condition que le tiers arbitre qui le présiderait soit choisi parmi les magistrats du royaume des Pays-Bas.

Le ministère des affaires étrangères de la République française — je suis autorisé à le déclarer à Votre Excellence — est persuadé que cette combinaison est à la fois honorable et avantageuse pour les deux parties et il apprendrait avec une vive satisfaction qu'elle a été favorablement accueillie par le Gouvernement haïtien.

Veuillez agréer, Monsieur le Secrétaire d'Etat, les assurances de ma haute considération.

P. CARTERON.

Son Excellence M. Pauléus Sannon, Secrétaire d'Etat des relations extérieures, etc., etc.

BANQUE NATIONALE D'HAITI

Port-au-Prince, le 18 septembre 1907.

A Son Excellence le Général Nord Alexis, Président de la République d'Haïti, en son Conseil.

Monsieur le Président,
Messieurs les Secrétaires d'Etat,

Désireux de mettre fin à la situation faite à notre institution par la mesure prise contre elle le 4 août 1905, nous avons l'honneur, en conformité des instructions qui nous ont été transmises par le Conseil d'administration de la Banque Nationale d'Haïti, de faire appel au Tribunal arbitral prévu par l'article 23 de notre contrat de concession sanctionné par décret de l'Assemblée nationale haïtienne en date du 10 septembre 1880, lequel article dit que, « en « cas de divergence sur l'interprétation des

« clauses et conditions de la concession entre
« le Gouvernement et la Banque, la contesta-
« tion sera soumise à des arbitres nommés par
« le Gouvernement et la Société représentant
« les concessionnaires ».

Le principe établi par cet article 23 de notre contrat de l'arbitrage en cas de divergence sur l'interpétation des clauses et conditions de la concession n'a jamais été contesté par votre Gouvernement et a fait, à plusieurs reprises, l'objet de déclarations nettes et précises, soit à la tribune du Sénat, soit à celle de la Chambre des députés.

Seul le lieu de réunion du Tribunal arbitral a été mis en discussion.

Nous appuyant sur des précédents, nous avons demandé que le Tribunal se réunisse à Paris, où avait été élaboré et signé notre contrat et où se trouve le siège social de notre Banque.

Votre Gouvernement a repoussé cette proposition, disant que le Tribunal arbitral ne pouvait se réunir qu'à Port-au-Prince, siège du Gouvernement.

M. le Ministre de France, dans un esprit de conciliation, vous a alors suggéré l'idée de soumettre le règlement des différends qui nous séparent au Tribunal arbitral de La Haye.

Cette proposition, pas plus que la première,

n'a rencontré votre agrément, quoique pourtant elle offrît à votre Gouvernement toutes les garanties qu'il pouvait désirer.

Je persiste encore à croire que les intérêts de votre Gouvernement, aussi bien que ceux de notre Banque, ne pouvaient être mieux confiés qu'aux honorables membres de ce haut Tribunal et, tout en ne considérant pas cette proposition comme définitivement rejetée, j'ai l'honneur de faire connaître à Votre Excellence que nous sommes prêts, dans le but de mettre fin aux difficultés existant entre nous, à accepter que le Tribunal arbitral se réunisse à Port-au-Prince.

Le Gouvernement haïtien et la Banque Nationale d'Haïti auraient à désigner chacun un arbitre et les deux parties en présence demanderaient au Gouvernement hollandais de vouloir bien désigner un tiers arbitre choisi parmi les magistrats du royaume des Pays-Bas et qui devrait présider la Commission arbitrale.

Les frais du déplacement et les honoraires du tiers arbitre seraient à partager entre le Gouvernement d'Haïti et la Banque Nationale d'Haïti.

Les conditions **générales** de cet arbitrage, les dispositions à intervenir pour la constitution définitive du Tribunal arbitral seraient réglées par un protocole entre S. Exc. M. le

Secrétaire d'Etat des relations extérieures et S. Exc. M. le Ministre de France qui, suivant accord avec son Gouvernement, transmet à Votre Excellence la présente demande d'arbitrage.

Nous osons espérer que le Gouvernement nous fera connaître sa réponse dans le plus bref délai.

Dans cette attente, nous vous prions, Monsieur le Président, Messieurs les Secrétaires d'Etat, d'agréer les assurances de notre profond respect.

Ch. van Wijck,
Directeur de la Banque Nationale d'Haïti.

Le Conseil décida « que la dépêche du directeur de la Banque en date du 18 septembre, relative à l'arbitrage entre le Gouvernement et elle, sera renvoyée à l'étude du département des finances pour en faire rapport au Conseil ».

Il décida, en outre, « conformément aux précédents — notamment dans la lettre du 17 novembre 1905 adressée par M. Ferrère, alors ministre des relations extérieures, à

M. Descos, ministre de France — que le département des relations extérieures ne pourra en accuser réception au ministre de France actuel qu'à titre purement officieux, comme il devra le faire en toutes circonstances semblables, le dernier paragraphe de l'article 23 du contrat de la Banque répudiant formellement toute intervention diplomatique ».

Conformément à cette décision, le ministre des relations extérieures échangea cette correspondance avec le ministre de France :

Port-au-Prince, le 19 septembre 1907.

Son Excellence Monsieur Pierre Carteron, Envoyé extraordinaire et Ministre plénipotentiaire de la République française à Port-au-Prince.

Monsieur le Ministre,

Par votre dépêche du 18 septembre courant, vous avez bien voulu me faire remise d'une lettre que M. le directeur de la Banque Nationale d'Haïti adresse à S. Exc. le Président de la République, en son Conseil ; et, en me demandant de faire parvenir cette lettre à sa haute destination, vous avez pensé devoir attirer mon attention sur la combinaison qui en fait l'objet.

En vous accusant réception de cette communication, j'ai l'honneur de porter à votre connaissance que, bien que la voie adoptée par la direction de la Banque pour soumettre sa proposition au Chef de l'Etat ne me paraisse pas normale, je n'ai pas hésité à transmettre à S. Exc. le Président d'Haïti la lettre de M. van Wijck. Il convient qu'à ce propos, je vous prie, Monsieur le Ministre, de bien vouloir observer que, si je me suis chargé de cette transmission, ce n'est qu'à titre d'intermédiaire purement officieux et par courtoise déférence envers le représentant d'une puissance avec laquelle la République d'Haïti est heureuse d'entretenir des relations de la plus étroite amitié.

Au surplus, vous me permettrez, en ce qui a trait aux considérations qui accompagnent cet envoi, de faire remarquer que, en raison même des clauses formelles du contrat qui lie la Banque Nationale d'Haïti au Gouvernement de la République, l'examen de la question qui fait l'objet de la communication de M. van Wijck ne saurait en aucun cas s'instituer et se poursuivre entre le Département des relations extérieures et la légation de la République française.

Sous le bénéfice de ces considérations destinées à prévenir tout malentendu entre nous, je saisis avec plaisir cette occasion de vous renouveler, Monsieur le Ministre, les assurances de ma haute considération.

H. PAULÉUS SANNON.

Port-au-Prince, le 20 septembre 1907.

Son Excellence Monsieur Pauléus Sannon,
Secrétaire d'Etat des relations extérieures.

Monsieur le Secrétaire d'Etat,

En m'accusant réception de ma communication du 18 de ce mois, Votre Excellence veut bien me faire observer qu'en raison des clauses formelles du contrat qui lie la Banque Nationale d'Haïti au Gouvernement de la République, l'examen de la question qui a fait l'objet de la requête de M. van Wijck à S. Exc. M. le Général Nord Alexis, en son Conseil, ne saurait en aucun cas s'instituer et se poursuivre entre le Département des relations extérieures et cette légation.

Je tiens autant que vous à ce qu'aucun

malentendu ne puisse exister entre nous, au sujet de la procédure employée pour introduire auprès du Gouvernement haïtien la requête de la Banque Nationale d'Haïti relative à l'arbitrage. Cette procédure découle de celle dont mon prédécesseur, M. Descos, a fait usage dans une circonstance analogue (15 novembre 1905), et je suis persuadé que Votre Excellence ne verra dans mon intervention toute amicale que la manifestation du désir très naturel qu'a le Gouvernement de la République française — désir basé sur les relations aussi cordiales que sincères qu'il se félicite d'entretenir avec la République d'Haïti — de voir se terminer un conflit dont la prolongation ne pourrait qu'être préjudiciable aux intérêts en présence.

C'est dans ces sentiments que je me permets de recommander encore à l'attention de Votre Excellence la combinaison que propose M. le directeur de la Banque Nationale d'Haïti dans sa requête du 18 de ce mois à S. Exc. le Président de la République d'Haïti et à MM. les Secrétaires d'Etat.

Veuillez agréer...

P. Carteron.

Port-au-Prince, le 21 septembre 1907.

Son Excellence Monsieur Pierre Carteron, Envoyé extraordinaire et Ministre plénipotentiaire de la République française à Port-au-Prince.

Monsieur le Ministre,

J'ai l'honneur de vous accuser réception de votre dépêche du 20 septembre courant, par laquelle vous entreprenez de justifier la procédure employée par la Banque Nationale d'Haïti pour faire parvenir sa requête à S. Exc. le Président de la République, en rappelant que cette procédure avait été employée dans une circonstance analogue par votre prédécesseur, M. L. Descos.

En vous référant à la lettre par laquelle mon prédécesseur, M. Ferrère, s'est appliqué à ne laisser aucun doute sur la portée qu'il convenait d'attribuer à la démarche de M. L. Descos, je ne dois pas manquer de vous faire connaître que ce Département, sans méconnaître le caractère de votre intervention, à laquelle nous ne saurions attribuer qu'une portée tout officieuse, ne peut que réitérer, en les confirmant expressément, les déclarations contenues dans la dépêche que j'ai eu l'honneur de vous adresser le 19 du mois en cours.

Aussi bien, et puisque notre commun désir est de prévenir toute équivoque, vous prierai-je, Monsieur le Ministre, de vouloir bien, à l'occasion, engager M. le directeur de la Banque à suivre la voie normale pour faire parvenir ses communications au Gouvernement de la République.

Veuillez agréer, Monsieur le Ministre, les assurances de ma haute considération.

H. Pauléus Sannon.

Port-au-Prince, le 23 septembre 1907.

Son Excellence Monsieur Pauléus Sannon,
Secrétaire d'Etat des relations extérieures.

Monsieur le Secrétaire d'Etat,

J'ai l'honneur d'accuser réception à Votre Excellence de sa lettre du 21 de ce mois. Je ne puis que vous confirmer le caractère absolument amical de l'intervention de cette légation lorsqu'elle a introduit, le 18 de ce mois, auprès du Gouvernement haïtien la demande de M. le directeur de la Banque Nationale relativement à la constitution, à Port-au-Prince, de l'arbitrage prévu à l'article 23 du décret du 10 septembre 1880.

Si la dernière phrase du deuxième paragraphe de cet article interdit formellement tout recours à la diplomatie, il est évident qu'il ne s'agit là que de l'intervention qui serait tentée *soit pendant, soit après* les travaux de la commission arbitrale ; mais elle ne peut certainement signifier que les *bons offices* de la diplomatie sont interdits avant ces travaux, alors surtout qu'ils consistent à appuyer une demande d'arbitrage.

Cette légation n'a jamais voulu, ni en novembre 1905, ni aujourd'hui, jouer d'autre rôle que celui d'intermédiaire officieux ; elle n'a jamais songé qu'à préparer les voies à une solution arbitrale, elle ne s'est jamais préoccupée et elle ne se préoccupe que d'une chose : faciliter la tâche aux arbitres qui doivent, conformément aux lois internationales, au texte de l'article 23 du décret précité, ainsi qu'à la lettre adressée le 7 décembre 1880 par le Gouvernement haïtien à Paris, à M. Laforestrie, étudier dans la plus entière indépendance les questions soumises à leur examen et rendre leur sentence en dernier ressort.

J'espère, Monsieur le Secrétaire d'Etat, que ces explications seront de nature à dissiper définitivement tout malentendu entre votre

Département et cette légation et à calmer les craintes du Gouvernement haïtien si, toutefois, il en a eues.

Veuillez agréer, Monsieur le Secrétaire d'Etat, les assurances de ma haute considération.

P. CARTERON.

Port-au-Prince, le 26 septembre 1907.

Son Excellence Monsieur Pierre Carteron, Envoyé extraordinaire et Ministre plénipotentiaire de la République française à Port-au-Prince.

Monsieur le Ministre,

J'ai l'honneur de vous accuser réception de votre dépêche du 23 septembre courant.

En prenant note des explications que vous me fournissez sur le rôle d'intermédiaire officieux que vous avez entendu jouer entre le Gouvernement haïtien et la Banque Nationale d'Haïti, je crois utile de rappeler à votre légation que, par mes lettres des 19 et 21 septembre courant, responsives à vos communications des 18 et 20 de ce même mois, ce Département s'est appliqué à vous faire connaître — et cela avec une netteté et une précision auxquelles il est difficile de se méprendre — quelle portée il convenait d'attribuer à la démarche qui a fait l'objet de votre dépêche du 18 du courant.

Je vous avouerai en toute sincérité, Monsieur le Ministre, qu'en vous faisant part des considérations exposées dans ses dépêches des 19 et 21 septembre, le Département des relations extérieures ne s'attendait nullement à voir se prolonger une discussion qui semblerait indiquer — à tort, assurément — l'existence d'un litige quelconque entre le Gouvernement haïtien et la légation que vous dirigez avec un tact et une distinction auxquels il m'est particulièrement agréable de rendre hommage.

Dans de telles conditions, et étant donné le caractère net, précis et définitif des déclarations contenues dans mes précédentes communications, je ne puis que vous les confirmer expressément dans toute leur teneur, en saisissant avec plaisir cette occasion de vous renouveler, Monsieur le Ministre, les assurances de ma haute considération et de mon estime personnelle.

H. PAULÉUS SANNON.

LÉGATION DE FRANCE
EN HAITI   RÉPUBLIQUE FRANÇAISE

Port-au-Prince, le 27 septembre 1907.

Son Excellence Monsieur Pauléus Sannon, Secrétaire d'Etat des relations extérieures.

Monsieur le Secrétaire d'Etat,

J'ai l'honneur de vous accuser réception de votre lettre du 26 de ce mois.

Les intentions qui animaient cette légation lorsqu'elle a introduit auprès du Gouvernement haïtien la demande de la Banque Nationale relative à l'arbitrage n'ont pas été, semble-t-il, suffisamment comprises ni appréciées.

Je le regrette vivement et j'avoue que je ne m'attendais pas à ce que sa démarche, dont le caractère amical était connu à l'avance et que je n'ai cessé d'affirmer verbalement et par écrit, ait pu donner naissance à une interprétaion capable de faire croire à l'existence d'un litige entre elle et votre Département.

Veuillez agréer, Monsieur le Secrétaire d'Etat, les assurances de ma haute considération.

P. CARTERON.

Durant que cette correspondance s'échangeait, je faisais part au Conseil des secrétaires d'Etat de ma réponse à la Banque et de son accusé de réception.

Port-au-Prince, le 27 septembre 1907.

Au Directeur de la Banque Nationale d'Haïti,
Port-au-Prince.

Monsieur le Directeur,

Le Conseil des Secrétaires d'Etat m'a chargé de vous informer qu'après examen il ne peut statuer sur la proposition que contient votre dépêche du 18 septembre courant, adressée au Président de la République, en son Conseil.

Cette proposition est en contradiction formelle avec l'article 23 du décret de l'Assemblée nationale du 10 septembre 1880, ainsi conçu :

« Art. 23. — En cas de divergence sur l'in-
« terprétation des clauses et conditions de la
« concession entre le Gouvernement et la Ban-
« que, la contestation sera soumise à des arbi-
« tres nommés par le Gouvernement et la So-
« ciété représentant les concessionnaires.

« *Dans le cas de partage, lesdits arbitres*
« *nommeront un tiers arbitre et sa décision*

« *sera en dernier ressort ; toute intervention*
« *diplomatique est formellement interdite.* »

Il n'appartient donc pas plus au Gouvernement qu'à la Banque de modifier aucune des dispositions de cet article, qui doit être observé si, bien entendu, les questions pendantes entre l'Etat et la Banque relèvent de ses dispositions.

Veuillez agréer, Monsieur le Directeur, les assurances de ma considération distinguée.

F. MARCELIN.

Port-au-Prince, le 30 septembre 1907.

Monsieur le Secrétaire d'Etat au Département des finances et du commerce, Port-au-Prince.

Monsieur le Secrétaire d'Etat,

J'ai l'honneur de vous accuser réception de votre dépêche n° 1767, du 27 septembre courant, m'avisant que le Conseil des Secrétaires d'Etat vous avait chargé de m'informer, qu'après examen, il ne pouvait statuer sur la proposition contenue dans ma dépêche du 18 courant adressée au Président de la République, en son Conseil ; cette proposition étant, selon lui, en contradiction formelle avec l'article 23 du décret de l'Assemblée nationale du 10 septembre 1880.

J'ai pris bonne note de cette communication que je transmets à mon siège social.

Veuillez agréer, Monsieur le Secrétaire d'Etat, les assurances de ma considération distinguée.

Ch. van Wijck,
*Directeur de la Banque Nationale
d'Haïti.*

Ainsi finit cette nouvelle tentative de la Banque...

X

Les opérations illicites dans nos douanes allaient prendre, au détriment de la caisse publique, un grand élan l'année prochaine, grâce aux événements politiques dont l'Artibonite devait être le théâtre... En attendant, un mystérieux frémissement secouait particulièrement quelques-uns de ces établissements, comme celui qui agite le feuillage des arbres quand l'orage approche. Des faits brutaux, et qui n'ont pas besoin de commentaires, annonçaient dès la fin de 1907 le spectacle qu'ils donneraient bientôt sous la poussée révolutionnaire et le terme prochain du septennat présidentiel.

Le 28 novembre, on lisait dans le journal *La Nation* l'article suivant :

JÉRÉMIE

Le 16 novembre, à six heures du soir, après avoir eu à frapper des négociants en Douane pour fausse déclaration, et après avoir subi deux affronts que mon titre officiel m'empêchait de relever et qui avaient été dirigés contre moi pour me pousser à un geste violent, toute une population, pour des raisons que je vais déduire, ayant épuisé, sans succès, tous les coups d'épingle, se ruait contre moi, ayant à sa tête : M. A. Merceron, le négociant que j'avais le plus frappé, — M. Justin Cayemite, interprète à la Douane, MM. Georges et Nerva Lataillade, d'autres intéressés, et des employés et hommes de peine, en tout une soixantaine d'alguazils.

Le prétexte : M. A. Merceron voulait enlever de force un colis et, comme je lui signalais que ce colis ayant été désigné par moi comme frappé de fausse déclaration, la justice ferait son cours, il s'écria : « Vous em... le marché. » Et tout le monde de crier : « Il vient renchérir la farine et le tabac ; — arrachez-le ! »

Je me réfugiai dans le magasin de M. Brière, dont je fus chassé, et, alors, bousculé, lancé de tous côtés par une foule furieuse, je voulus riposter et sortir une arme, quand M. Kohler, négociant, assisté de M. Joseph Barthe fils, son commis, m'offrit l'hospitalité.

Au dehors, M. Rouzier s'opposait au passage de la foule ; MM. Ulrich Duvivier, Desaix Laraque, Roger Rouzier, Vincelas Dimanche, comme M. Henry Rouzier, criaient à cette meute combien son acte était infâme.

Ce monde m'attaquait pour deux raisons :

1° Depuis cinq ans, c'est la première fois que le commerce de Jérémie se voyait contrôler et le résultat, c'est que tous les colis de marchandises sèches étaient frappés, dont 57 balles de tissus qui arrivaient sur facture au cinquième ;

2° Il y a quatre mois, trouvant M. Lataillade, directeur de la Recette, en déficit, j'avais signalé son cas à mon Gouvernement, qui avait fait procéder à l'arrestation de M. Lataillade, lequel est accusé de faux en écriture publique et de détournement de fonds au préjudice de l'Etat.

Disons en passant que l'affaire Lataillade atteignait certains négociants, dont M. Gaveau, aujourd'hui expert protestataire pour compte de M. Lataillade, pour lesquels M. Lataillade avait émis des récépissés contre des bons, les valeurs restant en travail dans les caisses de ces négociants.

Ainsi, je fus accusé d'avoir frappé un des chefs du parti fouchardiste à Jérémie. Ceci fut répété partout et sur tous les tons. Dès lors, j'étais, pour cette population, l'ennemi ; et, quand on me vit débarquer, on comprit qu'il fallait supprimer en moi et le *douanier*, dont le travail dans toute la République avait consacré l'intégrité, la probité, — et le *citoyen*, qui avait osé frapper un des apôtres du dieu tutélaire de Jérémie.

Par cette agression brutale, malveillante, infâme, approuvée de tous, à cinq exceptions près que j'ai relatées plus haut, on frappait en mois le représentant du Gouvernement qui ne pouvait répondre. Aujourd'hui, le citoyen, dans le milieu port-au-princien, où l'assassinat ne se commet pas, dénonce ces faits à la nation. Il se demande ce que serait devenu ce pauvre pays si les événements avaient tourné autrement en 1902, et avaient donné la direction de la République à M. Fouchard, avec la ville de Jérémie à ses côtés. Mais, pour notre bonheur, la République a été arrachée à cette tourbe par le patriotisme de S. Exc. le Général Nord Alexis, qui seul, grâce à son désintéressement, son âge, a pu empêcher l'effondrement et nous en préserver.

GEORGES SÉJOURNÉ.

M. Georges Séjourné était peut-être de tous nos délégués le seul à mettre au service de l'Etat à cette époque, à part sa probité incontestable, une grande bravoure à affronter les haines que sa rigidité soulevait autour de lui. Mais il avait le tort incontestable de vouloir faire de la politique, et je l'ai toujours soupçonné de se mêler plus qu'il ne convenait de la succession présidentielle. Par exemple je n'ai jamais su quel pouvait être son candidat. Ce n'était pas M. Fouchard assurément, car on a vu de quelle façon il en parlait. Peut-être se souvenait-il trop, à ce moment et à ce propos, de cette pièce qui circula en 1901, lancée dit-on par un soi-disant comité de Kingston :

Kingston (Jamaïque), le 8 juin 1901.

Le Comité révolutionnaire au commerce de Jérémie.

Honorables concitoyens,

Justement alarmé par le retentissement des taxes exagérées dont sont frappées les marchandises que vous recevez de l'étranger et les tracasseries sans nombre dont vous êtes l'objet par M. Saint-Amand Blot, administrateur des finances des arrondissements de la Grand' Anse et de Tiburon, le Comité révolutionnaire, présidé par le sympathique C. Fouchard, de votre ville, vous dit : courage et patience !

La conduite de M. Saint-Amand Blot dans la circonstance ne vous étonnera pas quand vous saurez qu'il est grassement payé d'un supplément de 500 gourdes par mois et, de temps à autre, d'un bon compensable en droit sur cacao au nom de sa belle-sœur, Mme veuve Saint-Firmin Blot, dont la valeur en or américain varie suivant les denrées embarquées.

M. Saint-Amand Blot vous a été envoyé par le général Sam pour vous faire mordre la poussière, afin de faire disparaître ce commerce de Jérémie qui n'a commis d'autre crime que celui d'être la ville natale de M. C. Fouchard, seul candidat qui, n'ayant jamais appartenu exclusivement à aucun parti, a des sympathies, des amitiés dans tous les groupes.

Le Comité révolutionnaire fait un suprême appel à vous tous, commerçants, qui restez systématiquement attachés au gouvernement du néfaste général Sam, pour l'aider à retirer le pays du joug du tyran en prenant résolument les armes au nom de la Constitution si traîtreusement violée.

Le sauveur qu'on implore viendra sans doute, mais, comme toujours, le Ciel vient en aide à celui qui l'appelle et qui commence à s'aider lui-même.

Le Comité vous garantit, en retour de votre puissant concours : 1° le remboursement du surplus de droit payé, tant à l'importation qu'à l'exportation ; 2° une année de franchise pour la moitié de vos droits, tant à l'importation qu'à l'exportation.

Que la voix de M. Fouchard retentisse dans tous les cœurs loyaux de sa ville natale et que tous les sentiments mesquins laissent parler en vous celui d'amour sacré que nous avons pour la Patrie et pour la liberté.

Le Comité révolutionnaire.

Cette pièce étant une sorte de programme révolutionnaire ne devait avoir aucune importance aux yeux d'un fonctionnaire sage, prudent, connaissant son pays. Tous les partis révolutionnaires en font autant, quittes à ne pas tenir leurs promesses au jour du succès. Le môle Saint-Nicolas ne futil pas promis aux Américains s'ils favorisaient la révolution contre Légitime !

Ces réflexions sont simplement pour dire que je blâmais énergiquement M. Séjourné de faire intervenir la politique dans son rôle administratif. La question toujours humaine, toujours vivante de l'intérêt privé, représenté dans toutes les douanes de la République par le signe de l'unité monétaire dollar, suffisait amplement pour expliquer les méfiances, les attaques dont il était l'objet. Y mêler d'autre objet était imprudent pour lui-même et peut-être pour l'intérêt public qu'il entendait servir.

Il n'est pas moins vrai que la douane de Jérémie possédait une organisation interne qui semblait solidement établie. Un général, récemment promu au commandement de l'arrondissement, la dénonçait en ces termes quelque temps auparavant au Président de la République : « Cette population est hostile, Président. La douane faisait 250 dollars par semaine à mon prédécesseur. Jusqu'à présent elle ne m'a rien fait parvenir. Elle me considère comme une quantité négligeable. C'est vous dire les sentiments dont je suis ici l'objet. » Cependant le général Nord Alexis lui avait, en le nommant à la charge, expressément défendu, dans des instructions écrites, de suivre l'exemple du prédécesseur, de se mêler des opérations de douane : j'ai lu tant la lettre du Président que celle du commandant d'arrondissement citée plus haut.

Cependant, un peu partout, sauf au Cap, les autorités militaires s'accupaient très activement des opérations de nos douanes. Elles justifiaient cette immixtion près du chef de l'Etat par l'ordre public à protéger, par le souci de leur responsabilité dans le maintien de la paix, par l'œil qu'elles devaient avoir toujours ouvert, surtout en douane, sur les conspirateurs. Dans telle ville, on consignait les citoyens chez eux dès huit heures du soir ; on faisait un grand tapage militaire — crosses de fusils frappées au pas des portes, factionnaires placés aux coins des rues, citoyens suspects (de quoi ?) emprisonnés — pour pouvoir embarquer, à l'abri de tout regard indiscret, les denrées sur les navires en rade. Parfois, quand les emprisonnés se plaignaient trop, on les expédiait à Port-au-Prince au Président comme conspirateurs. Et comment arriver à démêler la vérité au milieu de toutes ces passions, de toutes ces convoitises ! Chaque Haïtien, hélas ! a son casier politique, et il est toujours facile de l'invoquer contre lui. D'ailleurs, même s'il n'avait rien à se reprocher que de vouloir regarder de trop près l'embarquement clandestin des cafés et cacaos de la place, ayant été persécuté une fois, il ne tardait pas à devenir un ennemi du Gouvernement, ou on était persuadé qu'il l'était devenu, ce qui revenait au même. Telles sont les conséquences fatales du système militaire ainsi que nous le comprenons.

Dans d'autres douanes, on mettait parfois plus de discrétion. Ainsi, je lis dans un rapport sur les opérations d'un de nos plus grands ports : « Quelqu'un qui se trouvait aux abords de la douane et qui gênait les opérations par sa présence a été appelé par le commandant de l'arrondissement qui lui a dit qu'étant aide de camp de Son Excellence il doit se tenir au service. Cela voulait dire que celui là n'avait rien à faire en douane dont, selon la loi, toutes les opérations peuvent être suivies par tous les citoyens.

« Messieurs les douaniers furent donc débarrassés de la présence importune de celui qui se croyait de par la loi contrôleur-né des opérations à la douane.

« Le contrôleur L... qui regimbait cette fois-ci, parce que les autres fois il n'avait pas eu une assez forte part dans le prorata, fut aussi appelé et mis à la raison par le commandant de l'arrondissement. »

Il fallait un certain courage pour m'adresser de tels rapports... Car voici ce qui se passait : Je réclamais énergiquement du

Président le châtiment ou le redressement des faits inciminés. On blâmait le général, on le faisait même venir parfois à Port-au-Prince. Mais il était, ou il se disait — et on le croyait — le pilier de la sécurité publique dans son commandement. On l'y retournait donc, et vous comprenez qu'il n'était pas long à savoir qui l'avait dénoncé. Alors la situation de celui sur qui s'était fixé son soupçon n'était pas à envier.

Pourtant, je ne me lassais pas. Je poursuivais sans relâche la répression des fraudes partout où elles pouvaient se découvrir. Malgré tous les obstacles, je n'abandonnai pas non plus le contrôle permanent et journalier des documents consulaires, que je faisais faire, dans les derniers temps, par un service spécial, en dehors de celui désigné par la loi. On peut, en témoignage, rappeler cette note parue au *Moniteur* du 4 décembre 1907 :

SECRÉTAIRERIE D'ETAT DES FINANCES
SECTION DU COMMERCE.

Depuis quelque temps, des négociants, dans

un but de fraude nettement caractérisé, se font expédier leurs marchandises avec des factures consulaires à peine au *cinquième* de leurs quantités réelles. Et cela au mépris de la déclaration formelle signée au bas des pièces consulaires :

« J'affirme que cette facture est l'expression
« fidèle et sincère de la vérité, qu'elle est en
« tout conforme à mes livres, qu'aucune déno-
« mination usuelle, ni le poids, ni la qualité,
« ni la quantité des articles qui y sont portés,
« ni la valeur n'ont été altérés. »

Le fait est arrivé pour diverses maisons établies sur les places suivantes de la République, lesquelles, s'étant trouvées en face de vérificateurs autres que ceux espérés, ont été obligées de déclarer les quantités exactes de marchandises reçues. Voici ces maisons fautives :

Cap-Haïtien : M. Penzo & C°, A. Monvalzir & C°, Lucchesi et Ferrandini, Boulangerie Lecomte, Ajamie & C°, Er. L. Kampmann, F. M. Altieri, H. Leisner & C°, etc.

Saint-Marc : R. Pinard & C°, Btesh Cousins & C°, Lyon Hall & C°.

Petit-Goâve : F. Chériez, M. Napoléoni, J. Gonzac.

Jérémie : Lestage, A. T. Aron, A. M. Merceron, Issa Baboune & C°, Marco Silvera, Blanchet et Wiener, Btesh Cousins & C°, Michel Moussalem.

Gonaïves : L. Bourgain & C°.

Pour ce qui est des maisons des autres places, le Département n'a pas encore fini son enquête les concernant, se réservant aussi de signaler toutes celles qui auraient reçu de fausses factures.

Le Département ne croit pas sans intérêt de reproduire, dans cette note, les extraits de divers rapports qui lui ont été adressés par ses délégués :

« I. — La critique des documents terminée,
« je reconnus que toutes les factures de mar-
« chandises sèches étaient fausses : toute la
« cargaison, à part les provisions, était à frap-
« per de surtaxe. Cinquante-sept colis de tis-
« sus dont les factures consulaires étaient à
« peine au *cinquième* et où se trouvaient réu-
« nis tous les genres de fraude : 1° qualité ;
« 2° aunage ; 3° poucetage. »

« II. — J'ai dû, en assistant hier à la véri-
« fication des marchandises, faire frapper de
« double droit, selon la loi douanière, beau-
« coup d'articles dont la quantité a été portée
« en plus de celle déclarée, ayant été été pré-
« sentés sous toute autre dénomination et avec
« un poucetage moindre que celui trouvé,
« quant aux toileries. »

« III. — En contrôlant le manifeste du va-

« peur hollandais, j'ai relevé que trois maisons
« de commerce ont laissé envoyer à l'exporta-
« tion tous les colis de tissus, au nombre de
« cinquante.

« Le procédé de ces trois maisons, se lais-
« sant envoyer à l'exportation pour se dérober
« à une pénalité plus sévère, tend à cacher
« une fraude bien combinée et préparée et que
« ma présence seule a empêché d'aboutir et
« que je crois de toute nécessité de réprimer
« avec rigueur. »

« IV. — En examinant les livres de la
« Douane et de l'Administration des finances,
« j'ai constaté dans leur comptabilité un retard
« de trois mois (juillet, août et septembre). Les
« dispositions que j'ai prises ont permis à la
« douane de me remettre le 24 avril toutes les
« pièces formant cette comptabilité.

« J'ai eu à enrayer plusieurs tentatives de
« fraudes, et cela à chaque importation. Le
« sans-façon, je dirai même le sans-vergogne
« des importateurs de ce port me semble être
« la suite d'une pratique en œuvre depuis long-
« temps et que ma présence est venue con-
« trarier. La plus stricte surveillance est néces-
« saire... »

Le Département est résolu à punir sévèrement ces fraudes. Elles doivent être assimilées
à la contrebande. La justice dira si cette viola-

tion d'un serment prêté devant une autorité consulaire peut être davantage tolérée.

En tout cas, le Département prévient que c'est le droit de l'Etat de ne pas délivrer licence ou patente à qui, aussi hardiment, met en péril les intérêts du fisc.

En dépit de certaines défiances dont il était impossible de se rendre compte, j'avais réussi à faire fonctionner la Chambre de Commerce de Port-au-Prince. Le Corps législatif lui avait voté une indemnité mensuelle. L'arrêté suivant la reconnut d'utilité publique et elle constitua son bureau mixte, haïtien et étranger, comme il suit :

ARRÊTÉ

NORD ALEXIS,
Président de la République.

Considérant que le développement du commerce est indispensable au progrès économique du pays en ce qu'il pourra exercer une salutaire influence sur la production agricole et industrielle nationale ;

Considérant que la Chambre de commerce instituée à Port-au-Prince est un élément appelé à contribuer à ce résultat, et est, par conséquent, digne de la haute sollicitude du Gouvernement ;

Sur le rapport du Secrétaire d'Etat des finances et du commerce,

Et de l'avis du Conseil des Secrétaires d'Etat,

Arrête ce qui suit :

Article premier. — La Chambre de commerce instituée à Port-au-Prince est déclarée d'utilité publique.

Art. 2. — Le présent arrêté sera publié et exécuté à la diligence du Secrétaire d'Etat des finances et du commerce.

Donné au Palais national, à Port-au-Prince, le 30 novembre 1907, an 104e de l'Indépendance.

Nord Alexis.

Par le président :
*Le Secrétaire d'Etat des finances
et du commerce,*
F. Marcelin.

CHAMBRE DE COMMERCE
de Port-au-Prince.

S. Exc. le Président d'Haïti, *président d'honneur ;*

M. F. Marcelin, Secrétaire d'Etat des finances et du commerce, *deuxième président d'honneur ;*

MM.

D. Délinois, *président ;*
L. Jh. Nicolas, *premier vice-président ;*
Ch. d'Aubigny, *deuxième vice-président ;*
Laurore Nau, *secrétaire général ;*
Henry Prézeau, *secrétaire adjoint ;*
Edm. Helmke, *trésorier.*

Membres :

MM. M. d'Ennery Déjoie, G. Schwedersky, David Chancy, Henri Roberts, Georges Séjourné, H. C. Staude, Jules Lizaire, Wm Hepple, R. Gerlach, Emile Marcelin, D'Espinose, H. Brisson, L. van Langendonck, Th. Dossous, Dreyfus.

XI

Cependant, le pays allait entrer dans une période très grave, celle des élections législatives de 1908.

Comme chargé du département de l'Intérieur, je reçus cette communication du général Antoine Simon :

Cayes, le 21 novembre 1907.

F.-C.-Antoine Simon, général de division aux armées de la République, aide de camp honoraire de Son Excellence le Président d'Haïti, délégué extraordinaire du Gouvernement dans le département du Sud, au Secrétaire d'Etat de l'intérieur et de la police générale, Port-au-Prince.

Secrétaire d'Etat,

Je vous remets sous le couvert de la présente une copie d'un mémoire que je viens d'adresser à Son Excellence le Président d'Haïti, et ce, dans le but de mettre ma responsabilité à couvert et de marcher d'accord avec le Gouvernement. J'espère, Secrétaire d'Etat, que vos instructions et le concours que vous me prêterez ne manqueront de me permettre de toujours justifier la confiance de mon chef et de mener à bien la chose publique.

Recevez, Secrétaire d'Etat, les assurances de mon entier dévouement.

A.-T. Simon.

Mémoire adressé à Son Excellence le Président d'Haïti, le 21 novembre 1907.

Président,

Le 10 janvier 1908 est la date du renouvellement des membres de la Chambre des Communes. Aux représentants qui vont être élus, à eux, sera dévolue la mission de vous donner un successeur ; de nommer le Président de la République. Jusqu'à l'heure où je prends la liberté de vous tracer ce mémoire, Votre Excellence ne m'a pas encore entretenu, et en privé, sur l'état d'âme des populations que je dirige et sur leurs desiderata à propos de ces élections.

Président, chaque période électorale, depuis dix-neuf ans que je suis à la tête du département du Sud, est pour moi une époque d'études sociologiques. L'ambition des uns, l'impatience des autres, l'agitation du plus grand nombre sont des obstacles qu'un chef militaire est appelé à comprimer sans choquer les caractères. La Constitution et la loi électorale dans leurs dispositions protectrices des libertés publique, ne doivent pas être mises en jeu par la fougue ou l'inexpérience de ceux qui croient devoir tout hâter pour satisfaire à des calculs inavouables. Dans les grandes villes, Président, une sage politique oblige de compter avec l'opinion publique ; dans les petites communes, il est facile avec un langage patriotique de rallier à soi les deux ou trois meneurs dont le but ne s'étend pas au delà d'un poste dont la maladresse d'un chef de quartier les aurait privé. Président, la dernière période de votre septennat, la transmission pacifique du pouvoir, la Providence veuille vous permettre de l'effectuer sans incident avec le vigilant concours de vos auxiliaires. Ainsi sera couronnée votre longue vie politique pour le plus grand bonheur de la nation haïtienne.

Excellence, Dieu, mon épée et la confiance dans la sagesse de mes concitoyens m'aideront, j'en suis sûr, à maintenir l'ordre, la paix et la liberté, et ce, pour le bonheur de la Patrie.

Que Votre Excellence veuille me communiquer ses vues dans l'occurrence.

J'ai l'honneur, Président, d'être de Votre Excellence le très dévoué et respectueux serviteur.

A.-T. SIMON.

Je m'empressai de répondre au général Antoine Simon :

Port-au-Prince, le 2 décembre 1907.

Général,

Je vous accuse réception de votre lettre du 21 novembre qui m'a été remise le 29 expiré, accompagnée de la copie du mémoire que vous avez adressé au Président de la République.

J'en ai bien noté le contenu.

Son Excellence le Président de la République et son Conseil sont unanimes dans leur ferme dessein de maintenir la paix publique, sous la sauvegarde de nos lois, et pour empêcher coûte que coûte que notre patrie soit troublée par des dissensions intestines qui seraient la perte de notre autonomie.

Nous comptons absolument sur le concours de tous les patriotes et sur le bon sens de la nation en général. Nous comptons surtout, et au plus haut degré, sur votre patriotisme éprouvé pour que les élections du 10 janvier soient la fidèle reproduction, dans le département du Sud, de l'état d'âme de nos populations qui veulent avant tout la paix et qui ont tant souffert, notre histoire le démontre, de nos désunions et de nos discordes civiles.

Agréez, Général, avec mes salutations empressées, la nouvelle assurance de mes sentiments les meilleurs.

F. MARCELIN.

Plus tard, j'eus à écrire cette lettre au général Antoine Simon :

Port-au-Prince, le 14 décembre 1907.

Mon cher général,

Le sénateur Sandaire est venu m'entretenir ce matin de votre part. Je l'ai écouté avec beaucoup d'attention, je n'ai pas besoin de vous le dire. Tout ce qui vient de vous m'intéressant, parce que cela intéresse au plus haut point l'ordre et la paix publique. En attendant que vous me confirmiez qu'il est bien venu de votre part, je vous prie d'être persuadé, mon cher général, que tous mes efforts tendront, d'accord avec ceux des fidèles et vaillants auxiliaires du Gouvernement, à prêter mon plus ferme et mon plus actif concours pour la réalisation des vues qui doivent garantir notre sécurité et notre autonomie. Nous devons tous aider notre vénéré chef à cette fin patriotique au suprême degré.

Avec l'expression de tous mes meilleurs sentiments.

F. Marcelin.

Mais le Président de la République ne se hâtait pas de dire *son mot*, selon l'expression consacrée. Or, de toutes parts, et ce n'était pas le général Antoine Simon seulement, on le pressait de le dire. Enfin il m'adressa, presque dans les derniers jours de décembre, cette dépêche et copie de sa circulaire aux commandants d'arrondissement. On remarquera que les deux pièces ne portent pas de date :

Nord Alexis, Président de la République, au Secrétaire d'Etat de l'intérieur.

Monsieur le Secrétaire d'Etat,

Je vous communique, sous ce couvert, copie de la lettre-circulaire que j'ai adressée aux commandants d'arrondissements et aux délégués militaires à propos des élections du 10 janvier prochain.

J'appelle votre plus sérieuse attention sur les importantes considérations contenues dans cette dépêche, les mesures que ces considérations ont commandé au Gouvernement de prescrire et l'appel fait au patriotisme et au dévouement de tous les membres, de tous les auxiliaires du Gouvernement pour qu'ils emploient leur énergie et leur tact à la réalisation de ces vues qui ne tendent qu'à assurer le parfait accomplissement des destinées nationales, sans secousses stériles, sans agitations anarchiques et régressives.

Dans la certitude que les instructions ci-incluses, strictement appliquées, à votre diligence à vous aussi pour ce qui vous concerne, nous donneront les bons résultats que nous en attendons, je vous renouvelle, Monsieur le Secrétaire d'Etat, l'assurance de ma haute considération.

Nord Alexis.

Nord Alexis, Président de la République, au commandant de l'arrondissement de.....

Général,

Nous entrons en plein dans la période électorale. C'est le moment pour moi d'être fixé sur l'état d'esprit de vos administrés, les noms et particulièrement les sentiments politiques de ceux qui briguent l'honneur de représenter à la Chambre les Communes de votre arrondissement.

Je vous autorise également à me signaler les citoyens de votre commandement, qui, soit comme fonctionnaire, soit comme amis du Gouvernement, ne manquèrent jamais de vous donner tout leur concours en vue du maintien de la paix publique et de la préservation des intérêts du Gouvernement. Je dois vous faire rappeler que, parmi vos administrés de toutes classes, il s'en trouve qui se compromirent dans les agitations anarchiques de 1902, à la suite de différents chefs de parti qui, dans une folie d'ambition, n'hésitèrent pas à exposer le pays aux pires aventures.

Et, durant le temps même de ma gestion, seule, la sagesse du Gouvernement et ma connaissance sans égale des hommes de notre pays, des événements qui s'y accomplirent et des mesures que ces événements déterminèrent, permirent de contenir les éléments de désordres, de paralyser les entreprises antinationales des fauteurs de troubles qui, jusqu'à présent, n'ont pas désarmé.

Le grave devoir m'incombe donc — et tous, de toute leur force, doivent m'y aider — de sauvegarder le pays qui ne saurait supporter sans grands dommages, sans risques pour son autonomie même, les idées subversives des meneurs professionnels de la politique révolutionnaire.

Seuls, je vous le répète, les citoyens *neutres, honnêtes et sérieux ne s'intéressant exclusivement qu'au salut national*, doivent avoir le concours du Gouvernement pour le triomphe de leur candidature.

Comme auxiliaire du Gouvernement, c'est

sur vous que, pour cela, je me repose entièrement, sur votre activité, votre énergie et votre parfaite compréhension du devoir militaire dans l'accomplissement duquel vous devez mettre votre honneur de soldat. Je ne doute aucunement de votre fidélité, du souci qui vous occupera d'employer tout votre tact, toutes vos forces pour l'exécution stricte de mes ordres. J'attends votre réponse immédiate à la présente par le courrier prochain.

Incessamment vous parviendront de ma part d'autres communications touchant le même objet,

Dans la confiance que vous saurez apprécier à toute leur haute importance les considérations ci-contenues et vous vous renfermerez étroitement dans mes instructions, je vous salue, général, en la Patrie.

Nord Alexis.

L'année 1907 finissait. Elle finissait autrement qu'elle n'avait commencé — tout au moins pour ceux qui se tenaient au courant de la politique. Sans doute, l'observateur superficiel, dans l'affluence extraordinaire et sympathiquement enthousiaste qui se pressait, par exemple, le 21 décembre dans les salles du Palais pour saluer le général Nord Alexis à l'occasion du cinquième anniversaire de sa prestation de serment comme chef de l'Etat, n'aurait trouvé devant ce spectacle qu'un motif nouveau de se confirmer que le gouvernement était fort... Tout semblait l'attester extérieurement. Et cet observateur-là pouvait se dire avec toute apparence de raison : Il finira son temps !

Cependant, en y réfléchissant, on sentait bien vite que l'ère des difficultés — de celles nées des dispositions constitutionnelles mêmes et de celles imposées par un langage de discrétion trop accentuée de la part du Président, dans la crainte de provoquer des candidatures présidentielles hâtives — devait commencer avec 1908. Car en janvier allaient se faire les élections pour la Chambre des députés. A eux revenait la mission constitutionnelle de donner un futur chef au pays en 1909. Ce rôle, combien ambitionnaient de le jouer dans toutes les communes de la République ! Toutes les convoitises étaient en éveil, toutes elles cherchaient à décrocher la bienheureuse rosette.

Il fallait cependant cacher son jeu, ses espérances, ses préférences dans un débordement d'enthousiasme, de dévouement au chef de l'Etat, car il n'avait pas encore parlé, on ne savait pas ce qu'il voulait, quel était son candidat et si ce candidat n'était pas lui-même, bien que la Constitution exclut formellement toute réélection... Mais ne pouvait-il pas y avoir quelque accommodement, à la dernière minute, avec la Constitution ?

Si donc on affectait, dans les réunions officielles en cette fin de 1907, d'être confiant dans l'avenir, personne, pourtant, après une minute de réflexion, en dehors même de ceux qui aspiraient à prendre un rôle dans les élections législatives du 10 janvier prochain, ne pouvait avoir le moindre doute sur la gravité des événements qui se préparaient.

S'il en était autrement, l'histoire interviendrait encore une fois, avec sa puissante et implacable autorité, pour rappeler que les chefs militaires ne peuvent pas, en Haïti, finir autrement qu'ils ne finissent, et, comme ailleurs, on est en droit de voir finir les présidents réellement constitutionnels...

Pour le Gouvernement, les craintes n'étaient pas de cette nature seulement. Elles n'étaient pas impalpables, dans l'air et dans la tradition historique, successorale des fins de règne. Elles se présentaient sous la forme tangible d'une vaste conspiration dont nous tenions les fils dès le mois de novembre, et qui esquissait sa pointe depuis quelque temps sur différents points du pays, sondant, avant de se fixer, prudemment le terrain. On n'avait aucune idée où elle devait frapper son coup. Mais on savait de source précise qu'elle le frapperait avant les élections, pour les empêcher, pour empêcher la constitution d'une Chambre qu'elle supposait devoir être docile au chef de l'État et obéir à ses inspirations dans la future nomination présidentielle. L'intérêt politique du parti qui avait organisé ce mouvement révolutionnaire était évident : mettre le pays en révolution pour arrêter les élections du 10 janvier, parce que la Chambre qui en sortirait serait assurément hostile au chef de ce parti. Mais à côté de cet intérêt politique, qui pouvait être commun à tous les adversaires du Gouvernement, il y avait encore pour le chef du parti dans la prise d'armes immédiate un intérêt personnel qui était celui-ci : en devançant les autres compétiteurs sur le théâtre de l'action révolutionnaire, il s'assurait l'*indicatif*, le fameux indicatif auquel l'Assemblée Nationale obéit toujours...

Une cause quelconque, un détail d'exécution sans doute, empêcha le mouvement d'éclater avant les élections. Cela nous était absolument égal. Ce qui nous importait, c'était de combattre l'adversaire partout où il pourrait se présenter, et de garantir la paix publique, dont le Gouvernement avait la responsabilité. Dans la dernière quinzaine de décembre, tous les rapports concordèrent à affirmer que le mouvement se ferait non au Cap comme nous le crûmes un moment, mais à Port-au-Prince même, choisi pour l'agitation qui y régnait depuis longtemps, et où les adhérents du parti étaient très nombreux. Tandis que le Président de la République criait incessamment le garde-à-vous à ses fidèles lieutenants qui presque tous devaient, le 15 janvier prochain, se laisser surprendre, je lui adressai le discours suivant au Palais National, en cette fête du 21 décembre 1907. cinquième anniversaire de sa prestation de serment :

Monsieur le Président,

Il s'est trouvé, une fois, dans l'Histoire, un homme qui a pu, aux acclamations du monde, et dans la certitude orgueilleuse qu'il énonçait une vérité incontestable, s'écrier : « Tel jour, je jure que j'ai sauvé la Patrie ! »

Votre sérénité réfléchie, ennemie des mots à effet, ne vous permet sans doute pas un tel langage. Mais ce que vous ne dites pas, le peuple le dit pour vous. Et cela vaut mieux. Il proclame, il jure qu'il y a cinq ans, en mettant fin à nos divisions intestines, vous avez sauvé la République !

Que serait-il advenu de nous si vous ne vous étiez pas trouvé là il y a cinq ans ? Quel sort eût été le nôtre, si votre expérience, votre renom — ce renom que tant d'années de luttes, de services rendus à votre pays avaient élevé comme un indestructible monument au-dessus de tous les renoms ! — ne se fussent rencontrés à point nommé pour arrêter le flot révolutionnaire, pour lui crier : « Vous n'engloutirez pas la Patrie ! »

C'est l'Histoire, la vraie, celle qu'écrit la reconnaissance nationale, celle que le petit paysan, enrôlé naguère de force sous les drapeaux de la révolte, raconte paisiblement aujourd'hui sous son chaume restauré, c'est l'Histoire qui proclame que vous avez sauvé votre pays de la guerre civile. Et demain, quand la postérité commencera pour vous, le granit qu'est cette vérité-là, dans lequel nul ne pourra mordre, demeurera inaltérable.

Vous n'avez donc pas besoin de monter au Capitole pour proclamer la vérité. Elle resplendit. D'un bout à l'autre du pays, en dehors de quelques champions du suicide national, chacun sait que si à ce moment historique il ne s'était pas trouvé la précieuse tirelire où la pauvre petite nation haïtienne, agonisante et mutilée, avait rassemblé sa dernière épargne, la réserve inestimable que sont vos vertus, votre réputation, votre habileté, votre énergie, votre âge même, c'en était fait de nous à jamais. On sombrait. La réserve — ah ! comment ne pas croire que c'était pour cette œuvre-là que le destin vous gardait ! — la réserve a donné. Et elle a couvert la déroute.

J'ai parlé de votre âge, Excellence... Savez-vous que nous pouvons en être fiers, que nous pouvons saluer votre âge, le glorifier comme d'autres saluent, glorifient la jeunesse ? Il vous constitue une personnalité supérieure, originale, tout à fait à part. Et, si vous le permettez, j'ajouterai, — car il ne faut négliger aucun des côtés de l'histoire, — qu'il vous a peut-être efficacement aidé il y a cinq ans. Pour le bonheur d'Haïti, pour permettre aux partis de désarmer en conservant dans la défaite un espoir consolateur et menteur, cet âge-là, et à votre insu, vous a secondé admirablement. Car les ambitieux déçus, les arrivistes impatients, lors de votre élection, non seulement en supputant vos ans, mais encore en escomptant votre défaillance prochaine, se dirent : « Nous n'attendrons pas longtemps ! » Ils vous donnèrent les uns trois mois, les plus larges six mois. Ils se résignèrent à la patience, ne pouvant davantage, il est vrai.

Cependant les années succédèrent aux années. Le pays n'en demanda pas plus. Il respira, il reprit vie sous votre habile, votre ferme direction... Ceux qui avaient escompté, si malencontreusement, l'avenir, furent bien attrapés. La nation, elle, fut joyeusement surprise. Elle vous paya d'une reconnaissance infinie, d'un dévouement sans égal la rançon de cette foi en elle-même, de cette confiance en ses destinées que vous lui apportiez, quand chacun parlait autour d'elle de doute, de découragement, de scepticisme, de naufrage. Je ne veux citer aucun fait de votre administration. C'est la tâche d'un autre jour. Mais qui donc dénierait à ces deux actes : la fête du centenaire et le Procès de la Consolidation, leur caractère auguste et religieux ? Ce sont des actes de foi, des actes de piété filiale envers la Patrie vivante et immortelle.

Il se produisit même, dès votre installation à la première magistrature de l'Etat, une chose singulière : la responsabilité du pouvoir doubla en quelque façon votre volonté, votre passion, votre enthousiasme patriotique... Antée reprenait ses forces en touchant la terre : vous, l'exercice du pouvoir, — j'entends du pouvoir comme vous le pratiquez, c'est-à-dire dans le labeur incessant, infatigable, dans le souci de toutes les heures, vous attelant à la besogne quotidienne du matin au soir, ne connaissant de distraction que la distraction du travail même — l'exercice du pouvoir vous communiqua une flamme et une jeunesse nouvelles. De quelle essence merveilleuse, indéfinissable, est donc formé votre réservoir vital ? N'en doutez pas, Excellence, vos adversaires même suivent avec curiosité, curiosité où au dépit se mêle une réelle admiration, le spectacle que vous donnez.

Quand, plus tard, on analysera votre vie, je suis sûr qu'on reconnaîtra unanimement que le moteur de la machine humaine, le ressort principal fut chez vous le respect de l'histoire; le respect du *qu'en dira l'avenir*. Vous avez ce privilège, rare chez nous, de placer vos actes, non dans la contingence de l'actualité, mais dans celle des temps futurs. Ce qui fait qu'on juge parfois mal, parce qu'on ne les comprend pas tout de suite, certains faits de votre carrière. Cela ne vous cause pas d'émoi. Vous gardez votre sérénité réfléchie, persuadé que demain c'est vous qui aurez raison.

L'existence humaine devrait, à n'en pas douter, n'avoir d'autre but que cet idéal de prolongement dans la Postérité. Quand on comprend ainsi la vie, on peut faire de grandes choses. On a vraiment le droit de parler à ses concitoyens. On est un véritable conducteur de peuple. La foi qu'on possède est transmissible. Et il n'est pas étonnant, dès lors, Excellence, que votre entretien quotidien, inlassable, votre entretien de chaque dimanche, de toutes vos audiences, entretien qu'on peut résumer en ces mots : « *Il faut demeurer en paix pour conserver l'indépendance du pays, pour le faire prospérer, se développer, pour prendre enfin notre place parmi les nations civilisées.* » — il n'est pas étonnant que ce professorat-là vous ait gagné tant d'adeptes...

Puisque Haïti doit vivre, puisque, selon votre parole, il ne nous est pas permis de déchirer notre baptistaire, le plus beau qui soit au monde, redites-vous sans cesse, puisque vous avez juré de consacrer toute votre énergie à ce devoir suprême envers la Patrie, à ce devoir qui couronnera votre illustre carrière, puisqu'on sait, au surplus, que vos serments, vous les tenez, la paix sera donc maintenue. Ce que vous avez fait il y a cinq ans, vous le continuerez. De cela, nous en sommes sûrs. Vous ne ferez faillite ni au pays, ni à vous-même.

Il faut dire aussi que la conscience nationale, enfin réveillée, a maintenant conscience d'elle-même. Elle ne pactisera pas avec les factieux, car elle sait trop l'enjeu qu'il faudrait mettre sur le tapis révolutionnaire. Elle **saura** défendre avec vous, Excellence, l'héritage des aïeux. Il y a cent ans passés, il s'agissait de le conquérir, aujourd'hui, il faut le défendre. L'œuvre est aussi belle, aussi grande, aussi passionnante que jadis... Et nous avons pour nous guider aujourd'hui à ce bon combat l'héroïque soldat qui, à l'aurore de sa vie, entendit probablement et retint à jamais ce mot de passe que nos derniers vétérans, dispersés un peu partout sur le territoire conquis, échangeaient toujours entre eux au hasard de la rencontre : Frères, plutôt mourir que cesser d'être libres !

Ils renouaient ainsi les maillons de leur glorieuse chaîne.

Comment le pays ne vous donnerait-il pas toute confiance, Excellence, puisque, à l'avant-garde, vous poussez chaque jour le même cri que le leur ? Comment le pays hésiterait-il à vous suivre, puisque, vieux nautonier, habile à prévoir et à prévenir, vous signalez l'écueil où la barque se briserait infailliblement si la paix était menacée ?

Non, non, il n'en sera rien. La confiance

nationale est justifiée par l'origine même de ce gouvernement qui a clos la guerre civile. Né de la paix, qu'il a restaurée, il doit finir dans la paix qu'il aura définitivement consolidée. Citoyens et soldats garderont farouchement de leurs cœurs, de leurs bras, la magique déesse, égide des nations, en dehors de qui rien ne vaut, rien ne compte, en dehors de qui tout n'est que deuil, ruine et misère !...

Vive le Président de la République !

Je n'ai rien à retrancher de ce discours que je prononçai ce 21 décembre dans la sincérité de ma conviction, aucun sentiment d'ambition personnelle ne pouvant me guider, puisque j'étais ministre et ne pouvais aspirer à plus... Je n'avais donc qu'à me taire. Je ne l'ai pas voulu. Il me convint, en face de l'insurrection menaçante, d'affirmer sans réticence ma fidélité, mon dévouement, ma volonté de défendre l'ordre des choses établi, mon admiration pour le vieillard inébranlable dans l'orage..... Et j'agirai de même chaque fois que, étant d'un Gouvernement, je sentirai le sol gronder sous lui.

Au surplus, j'ai la conscience d'être resté fidèle à l'engagement que je demandais aux autres : de garder la paix publique. Je l'ai gardée, je l'ai servie, cette paix, du mieux que j'ai pu et dans la mesure de mes forces, sans défaillance, durant tout le temps de l'insurrection du 15 janvier 1908...

FRÉDÉRIC MARCELIN

Ducas-Hippolyte (Biographie d'un poète haïtien)

La Politique (Discours à la Chambre des Députés)

La Banque Nationale d'Haïti

Questions haïtiennes

Le Département des Finances et du Commerce d'Haïti

Les Chambres législatives d'Haïti (1892-94)

Choses haïtiennes (Politique et littérature)

Haïti et sa Banque Nationale

Nos Douanes (Haïti)

Haïti et l'Indemnité française

Une Évolution nécessaire

L'Haleine du Centenaire

Le Passé (Impressions haïtiennes)

Autour de deux Romans

Thémistocle-Epaminondas Labasterre
(OLLENDORFF)

La Vengeance de Mama (OLLENDORFF)

Marilisse (OLLENDORFF)

La Confession de Bazoutte (OLLENDORFF)

Le Général Nord Alexis — 1905 (Tome I).